Cubism of Strategy

■ ● ▲

戦略学

立体的戦略の原理

慶應義塾大学 商学部 教授
菊澤研宗

ダイヤモンド社

はじめに――偶然、環境、そして戦略

みなさんは、朝日に向かって伸びてゆくアサガオを見て、日に当たらない部分のことを考えたことがあるだろうか。

アサガオは、日に当たらない部分に養分を与えないで、日に当たる部分だけを選択して養分を集中させて成長しているように見える――このように考えたのは、一九世紀、世界で初めて進化論を体系化したジャン＝バチスト・ド・ラマルクである。しかし、『種の起源』でも有名なイギリスの進化論者チャールズ・ダーウィンの考えは、それとは異なるものだった。アサガオがどの部分に養分を送るかは、その意図には関係ない。偶然、日に当たった部分だけが伸びているにすぎないというのだ。つまり、成長するかどうかを決定するのは環境だというわけだ。これが今日、支配的な解釈である。

同じことが、企業についてもいえる。経営者が選択と集中の原理に基づいてどれだけ最適な資源配分を行ったとしても、結局、企業が生き残れるかどうかを決定するのは環境であり、社会システムなのだ。それは、偶然の産物なのである。

こうすれば必ず儲かるとか、こうすれば必ず成功するなどといったうまい話など、もともとない。産業界にとって必要なのは、リスクを負担する多様な企業の集合だけである。そうすれば、そのなかからいくつかの企業が生き残り、産業も存続し続ける。

だからといって、企業経営者がニヒリスティック（虚無主義的）になる必要はない。環境や社会システムに適応し、生き残ろうとする努力はやはり必要である。何もしなければ、偶然を引き寄せることすらできない。何の努力もせず、同じような行動をする企業の集合、つまり業界があるとすれば、それは環境の変化に適応できず、業界自体が淘汰されることになるだろう。

では、企業人たるもの、何をどう努力すればいいのか。そのための知恵が「戦略」である。必ず利益を上げる戦略とか、絶対に儲かる戦略といった類の話は、コンサルタントに譲りたい。本書は、いかにして生き残るかをめぐって真剣に悩み、模索している方々に読んでいただきたい。

三つの世界

あらためて、戦略とは何か――軍事の世界で言えば、命をかけて敵と戦い、勝つことを目的地とするロード・マップ（道路地図）であり、また産業界では企業固有の独占化による生存の方法である。さらに、ゲーム理論では相討ちをも視野に入れた相手の動きに対するこちら側の最適な適応行動（ナッシュ均衡行動）であり、組織論の世界では変化する環境に対する組織的適応行動を意味する。

このように、今日、「戦略」という言葉は様々な分野で様々な形で使用されているが、その本質はみな同じである。それは、先に述べたように、生物学あるいは進化論に通じる生存のための方法であり、「生き残るための知恵」なのだ。

このような知恵を絞り出すには、ひたすら誠実に生きるとか、ただがむしゃらに進むというのでは意味がない。みずからがどのような環境に置かれているかを知り、みずからを取り巻く世界に関する深い洞察を持たなければならない。もちろん、正しい世界観などありはしないし、たとえあったとしても、人間は不完全な生き物なのでそれを獲得できるわけでもない。大切なのは、間違いに気づいたらすぐに修正するという真摯な気持ちである。

さて、経営学上、戦略論が本格的に議論されるようになったのは、比較的最近のことである。一九八〇年代に、マイケル・E・ポーターが産業組織論との関わりで企業の競争戦略論を発表してから、資源ベース理論、ブルー・オーシャン戦略など様々な経営戦略論が論じられてきた。だが、それらはいずれも基本的に同じ世界観を前提として展開されていることに注意する必要がある。それは、物理的世界、つまり五感で理解できる世界の実在性だけを前提とする一元的な戦略論にすぎない。現代の経営戦略論は、いまだこの段階に留まっている。

一方、軍事の世界に目を転じてみると、物理的世界とは別に、心の世界も実在していることに注目した軍事戦略家がいる。イギリスのバジル・ヘンリー・リデル・ハートである。彼は、物理的世界だけを前提にして展開されるハード戦略と、人間の心理的世界の実在性を前提にして展開されるソフト戦略を区別した。前者が「直接アプローチ」、後者が「間接アプローチ」である。特に、リデル・ハートは後者の重要性を指摘し、より高次元の「グランド・ストラテジー」という新しい戦略思想によって、両者を体系的に構成してみせた。

しかし、リデル・ハートは、物理的世界、心理的世界とは別に、さらにもう一つの世界が実在していることに気づいていなかった。それは、イギリスの科学哲学者カール・ライムント・ポパーが主張した知性的世界である。

ポパーは、科学的知識を発見する方法やその論理的構造を研究する過程で、新しい世界の実在性を発見した。それは、人間の知性によって把握されうる知識や理論の内容の世界である。そしてポパーは、物理的世界を世界1、心理的世界を世界2、そして知性的世界を世界3と呼び、しかも知性的世界はだれでもアクセスできるという意味で、客観的な世界でもあると主張した。

本書では、ポパーによって展開された、物理的世界、心理的世界、知性的世界からなる三次元的な世界観に基づいて、現代企業がキュービック・グランド・ストラテジーと呼びうる立体的大戦略を展開する必要性があることを示す。いまや企業の生存活動にとって、このような立体的大戦略が不可欠となっており、これを構築するための企業努力が最低限求められる時代が来ていることを明らかにしたい。

本書の構成

原始時代からミケランジェロ、ダ・ヴィンチ、ルノアールやゴッホに至るまで、絵画の世界では様々な創造的工夫がなされてきたが、それらの技法はすべて、対象を一つの方向から描くというものだった。この常識に挑戦し、これを破壊したのはパブロ・ピカソである。ピカソは、複数の視点から視た世界を平面上に共存させてみせた。彼は、対象の質感よりも立体感を強調し、あらゆる角度から対象を表現するという斬新な手法を使った。これが、キュビズムの本質である。

本書は、大胆にもこのキュビズムの思想を経営戦略論に取り入れ、ポパーによって展開された多元的世界観に基づく企業の生き残り戦略の必要性を論じるものである。

まず、第Ⅰ部では、人間を取り巻く世界が多元化していること、そして、そのような世界で生き残るためには、立体的大戦略が必要であることを説明する。その出発点として、第1章では戦略論の古典であるカルル・フォン・クラウゼヴィッツとリデル・ハートの戦略論を紹介し、両者の違いが異なる世界観によるものであることを明らかにする。

クラウゼヴィッツは物理的世界の実在性だけをとらえて、物理的物体や生物的肉体の世界を直接攻撃して完全に支配すれば、人間の心理的世界を支配できると考えた。それゆえ、彼は唯物論的な一元的世界観に基づく戦闘中心の直接アプローチ戦略を展開したわけである。一方、リデル・ハートは、物理的・肉体的な世界を直接攻撃しても、人間の心理を完全に支配することはできないと考え、人間の心理状態を攻撃する間接アプローチと直接アプローチを併用する必要性を説いた。つまり、二元的世界観に基づく戦略論を展開したのである。

しかし、リデル・ハートは、物理的世界と心理的世界とは異なる第三の世界が実在していることに気づいていなかった。第2章では、この第三の世界の実在性を主張した、科学哲学者ポパーの多元的実在論を紹介する。経営学の発展と共に世界観も変化し、今日では、知識、理論、権利、価値、文化といった人間の五感では測ることのできない世界、つまり人間の知性によって把握されうる知性的世界がビジネスの対象となっており、それゆえ、今日、これら三つの世界を前提とする多元的な戦略が必要となっていることを明らかにする。

第Ⅱ部では、これら物理的世界、心理的世界、知性的世界に対応する戦略アプローチをそれぞれ紹介する。まず、第3章ではポーターに始まり、資源ベース理論、最近のブルー・オーシャン戦略という現代経営戦略論の流れを概観する。一見、多様に見えるが、いずれも物理的世界を対象とする直接アプローチ戦略にすぎない。それは、力と力をぶつけ合う一面的な戦略である。このような一元的戦略論に基づいて企業が行動すれば、心理的世界や知性的世界に大きな変化が起こった時、企業は変化に対応できず淘汰されてしまうだろう。

生存するためには、物理的世界とは別の心理的世界に注目する必要がある。人間の心のなかには、現状に留まろうという心のバイアスが働き、人間の経済行動に大きく影響することが明らかになった。このような心理的世界が実在するために、非効率的な製品が市場を支配し、逆に効率的な製品が必ずしも売れないという不条理な現象が起こるのだ。その原理を解明したのが、二〇〇二年にノーベル経済学賞を受賞したダニエル・カーネマン、行動心理学者エイモス・トヴェルスキー、シカゴ大学経営大学院教授のリチャード・H・セイラーたちである。第4章では、心理的世界を対象とするプロスペクト理論や行動経済学を紹介し、どのような心理戦略が効果を発揮するのか、また消費者心理をめぐる最新の間接アプローチ戦略についても解説する。

より効率的な製品が売れず、人々が既存の製品に留まるといった不条理な現象の発生理由は、心理的バイアスだけではない。一九九一年にノーベル経済学賞を受賞したロナルド・H・コースやオリバー・

E・ウィリアムソンは、その理由を「取引コスト」の存在によって解明した。第5章では、この取引コスト節約原理に基づく間接アプローチ戦略の必要性について説明する。取引コストとは、変化に伴って発生する様々な交渉・取引上の無駄である。それは、会計的に厳密に計測できないコストであり、まさしく人間の知性によって把握されうる知性的世界の住民である。このコストの存在を無視して、いかに優れた製品を開発しても大衆を魅了することはできないことを明らかにする。

最後に解く問題は、これら三つの世界に対応する戦略アプローチを立体的に構成するキュービック・グランド・ストラテジーの構築である。第Ⅲ部では、このキュービック・グランド・ストラテジーの構築と実行法について論じる。まず、第6章では、キュービック・グランド・ストラテジーの基本パターンを紹介し、そのイメージを明確にするために、いくつかの事例を軍事戦略から引き出す。

さらに、第7章では、キュービック・グランド・ストラテジーの基本原理を整理したうえで、ロバート・S・キャプランとデイビッド・P・ノートンによるバランスト・スコアカード（BSC）という管理会計ツールを用いて、キュービック・グランド・ストラテジーの実行可能性を示す。

以上、本書を通じて、急速に変化する多元的な世界に対して「戦略のキュビズム」と呼びうる新たな戦略思想の現代的意義を伝えることができれば幸いである。

二〇〇八年七月

菊澤　研宗

戦略学——目次

第Ⅰ部
戦略の世界

第1章
戦略の古典的世界観
――クラウゼヴィッツかリデル・ハートか――3

第2章 戦略の新しい世界観――21

第II部 戦略の要素分解

第3章 物理的世界への直接アプローチ戦略 ◉

第5章

知性的世界への間接アプローチ戦略
◉戦略の取引コスト経済学——115

第III部
戦略の要素統合

◉

第6章

第Ⅰ部

戦略の世界

第1章

戦略の古典的世界観

クラウゼヴィッツかリデル・ハートか

1 一元的世界観と二元的世界観

戦略思想の原点は、他でもなく軍事戦略にある。特に、近代軍事戦略論の代表的な名著として、カルル・フォン・クラウゼヴィッツの『戦争論』[注1]と、バジル・ヘンリー・リデル・ハートの『戦略論：間接アプローチ』[注2]が有名である。

一七八〇年生まれのプロイセン軍将校クラウゼヴィッツが展開した戦略思想は、戦闘を全面に押し出すストレートな決戦に根差しており、今日、「強者の戦略論」と呼ばれている。彼の戦略論は世界中の軍隊で人気があり、いまなお戦略論の王道と見なされている。

これに対して、一八九五年にイギリスのブルジョワ家庭に生まれた軍人で歴史家、そしてジャーナリストでもあったリデル・ハートの戦略思想は、孫子の『兵法』の影響を強く受け、戦闘をできるだけ回避しようとする不戦の考えが貫かれている。そのため、彼の戦略思想は「弱者の戦略論」といわれ、軍人にはあまり人気がない（**図表1-1**参照）。

しかし、このような単純な比較は間違った結論を導き出す可能性がある。両者の本当の違いは、決戦か不戦か、あるいは強者か弱者かにあるのではない。どのような立場に立って戦略論を展開しているか

図表1-1◉**直接アプローチと間接アプローチ**

	クラウゼヴィッツ	リデル・ハート
基本的前提	•完全合理性の人間観 •一元的世界観	•限定合理性の人間観 •二元的世界観
戦略思想	•直接アプローチ戦略 •暴力・武力による絶対的で完全な支配・征服・勝利の獲得	•間接アプローチ戦略 •暴力・武力のみならず非暴力・非武力（心理的・経済的効果）を駆使した優位な均衡状態の達成

にある。特に、その人間観と世界観の違いに両者の決定的な違いがある。

クラウゼヴィッツは、世のなかで最も実在性があり価値があるのは物質的・肉体的な世界であり、そのような世界と関わらないものは意味がないという唯物論的な世界観に立っていた。しかも、人間は完全な認識能力を持ち、頭で合理的に考えたことをそのまま実行できる「完全合理性」の立場にも立っていた。それゆえ、戦争では物理的・肉体的世界を徹底的に攻撃すれば、人間の心も折れて完全に服従させることができると考えていた。

これに対して、リデル・ハートの世界観は、物理的世界とは独立して人間の心理的世界も存在するという二元論であった。しかも、人間の能力は限定的であると考えていた。人間は合理的であろうとするが、意図的に合理的でしかないという「限定合理性」の立場である。それゆえ、戦争でいくら物理的・肉体的な世界を攻撃しても、人間を完全に支配することはできない。むしろ、相手が自発的に服従するような戦い方を仕掛ける必要があると主張した。

2 クラウゼヴィッツの強者の戦略思想

2-1◉基本的戦略思想

以上のような世界観の下に、クラウゼヴィッツは一組の決闘の集合が戦争であり、戦争における唯一の手段は「戦闘」であると規定した。暴力は非理性的な手段だとか、暴力は野蛮な手段だとかいわれるが、結局、人間は暴力に屈し、暴力に服従し、暴力によって支配される。このことを、彼はみずからの戦争経験からいやというほど知っていた。

したがって、クラウゼヴィッツは、直接的な戦闘によって敵を完全に撃滅し、敵が抵抗できないようにすることが戦争の目的であると考えた。そして、これを達成するために展開される様々な戦闘の運用方法を「戦略」とし、個々の戦闘の具体的実行法のことを「戦術」と呼んだ。これがクラウゼヴィッツの戦略思想である（**図表1-2参照**）。戦争イコール直接的な物理的攻撃という文脈に照らせば、彼の戦略はdirect approach strategy（直接アプローチ戦略）と言うことができるだろう。

図表1-2◉クラウゼヴィッツの戦略思想

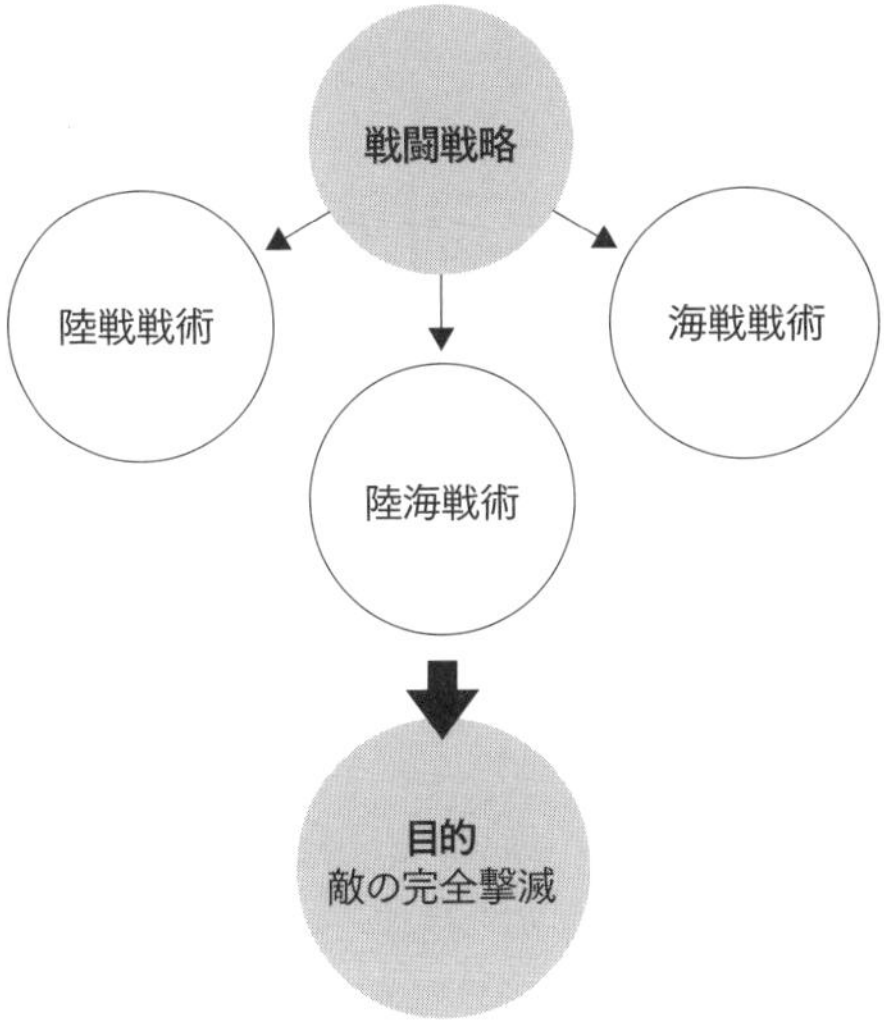

2-2◉直接アプローチ戦略

クラウゼヴィッツの直接アプローチ戦略から、次のような強者の戦略が導かれる。[注3]

❶兵力集中：戦争は決闘であり、数の優位が勝利にとって決定的に重要となる。それゆえ、敵の主力に対して兵力を集中させる必要がある。

❷絶対戦争：戦争は暴力の行使であり、暴力の行使には限界がない。それゆえ、総力戦を覚悟し、必要ならば国民総動員で対処しなければならない。

❸反人道主義：戦闘を避け、講和ばかりを求める人道主義者の寝言は最悪である。血を流すことを恐れる者は、血を流すことをい

とわぬ者に敗れることになる。

このようなクラウゼヴィッツの決戦重視の戦略思想の根底には、先述したように、人間の完全合理性の思想と唯物論的な一元的世界観が潜んでいる。そこから、人間は暴力によって敵を完全に支配することができ、敵の物理的側面を完全に粉砕してしまえば、敵の心理的側面もまた完全に支配でき、強制的に人間を服従させることができるという強者の戦略思想が導かれるわけである。

しかも、このような考えは、戦争を実際に体験してきたという彼の経験にも裏打ちされており、戦争を経験したことのない人には絶対にわからないという信念が、彼の『戦争論』にはみなぎっている。クラウゼヴィッツの主張は多岐にわたり一貫性がないという指摘もあるが、彼の主張の根底にある世界観と人間観を理解すれば、すべてがそこに収束してくるだろう。

2・3◉直接アプローチ戦略に拘泥した日本軍「一五年戦争」

以上のような、クラウゼヴィッツ流の決戦戦略思想に基づいて展開された戦いの一つが、日本軍による、いわゆる「一五年戦争」(一九三一〔昭6〕~一九四五年〔昭20〕)である。日露戦争に勝利した一九〇五年(明38)以降、日本軍は重度の「傲慢症」を患っていた。特に、陸軍は重症患者であった。そのため、満州事変から太平洋戦争までの約一五年間、陸軍中央(陸軍省と参謀本部)は完全合理性の観点から直接アプローチ戦略を展開していた。

もともとロシアを仮想敵と見なしていた日本陸軍は、米英については無知同然であった。それにもかかわらず、短期決戦であれば勝機はあり、早々に有利な講和条約を締結できると踏んでいた。当時、陸軍内にはドイツとロシアの陸軍は一流、アメリカとイギリスの陸軍は三流と評価する空気が蔓延していたため、こうした奢りが生じたようだ。

陸軍の「米英恐るるに足らず」の大合唱に押されるようにして、海軍のなかにも同調者が増え、海軍の一部のリーダーや参謀が模索していたアメリカとの講和条約締結の道は閉ざされていった。そして、徐々に日本軍は直接アプローチ戦略一色に染まっていった。

こうして、直接アプローチ戦略の下に日本陸軍と海軍はそれぞれ戦闘戦術を練り上げた。その結果、一方で海軍はハワイ奇襲戦術に従ってアメリカ海軍を撃滅し、他方で陸軍はマレー・シンガポール攻略作戦という白兵突撃戦術でイギリス軍を駆逐しようとした。日本陸海軍の作戦は運よく成功し、一気にジャワ攻略作戦を展開して当初の目的である石油の確保が実現した。しかし、そこには、米英との戦争を最終的にどのように終結させるかについてのグランド・ストラテジーは描かれていなかった。力で米英軍を撃滅し、力で石油を獲得するという目先の目的だけがあったにすぎない。

歴史を見れば明らかなように、このグランド・ストラテジーなき戦争は、結局、アメリカの本格的な参戦を促し、米英を武力によって完全撃滅するどころか、逆に日本を敗戦へと導く愚かな盾となってしまった。「一五年戦争」で死亡した日本の軍人、兵士、民間人は三一〇万に上るといわれている。

3 リデル・ハートの弱者の戦略思想

3-1◉基本的戦略思想

以上のようなクラウゼヴィッツの直接アプローチ戦略に対して、リデル・ハートは暴力によって敵を完全に撃滅し、力によって強制的に敵を服従させるという考えに反論した。そして、戦争を戦力の集中であるとする考えは誤りであると説いた。敵も戦力を集中してくるので、単なる戦力の集中は殴り合いにしかならないし、全戦力の集中は実現性の少ない理想にすぎないと一蹴する。

また、リデル・ハートは暴力や軍事力によって人間を完全に征服し、奴隷のように人間を服従させることはできないとする。人間は、人間の心まで奴隷化することはできないからである。「面従腹背」という言葉があるように、人間は表面的には恭順の意を呈しつつも、胸の内では復讐心を燃やしている可能性がある。それゆえ、力、暴力、戦闘による直接アプローチ戦略だけでは戦争は終わらない。むしろ、復讐の連鎖を生み出すだけである。

何よりも、人間の能力には限界があり、それゆえ人間は限定合理的である。しかも、人間は物理的で肉体的な存在であるだけではなく、心理的な存在でもある。つまり、二元的な存在であり、この二元的実在論と人間の限定合理性を前提として展開される戦略論こそが、リデル・ハートの間接アプローチ戦略論の本質なのである。

リデル・ハートによると、限定合理的な人間が実現できる戦争の目的は、力による敵の完全撃滅と強制的服従ではなく、敵の脅威を可能な限り排除し、敵が負けを認めてみずからの意思で自発的に投降してくることであり、最終的に有利な形で均衡に持ち込むことである。この目的を達成するためには、物理的な破壊行為だけを繰り返すクラウゼヴィッツ流の直接アプローチ戦略では不十分なのだ。つまり、敵がみずからの意思で投降しやすいようにする心理的・外交的なindirect approach strategy[注4]（間接アプローチ戦略）を積極的に展開することが重要なのであり、そのうえで直接アプローチ戦略を補完的に利用することで、その効果が高まるのである。

3-2◉間接アプローチ戦略

リデル・ハートは、物理的攻撃を検討するに当たり、常に心理的側面を見ることを忘れてはならないとし、両者を結合させた場合に戦略は敵のバランスを攪乱し、まさに計算された真の「間接アプローチ」になると主張した。このようなリデル・ハートの間接アプローチ戦略にとって、特に次の二点が重

図表1-3◉**リデル・ハートの戦略思想**

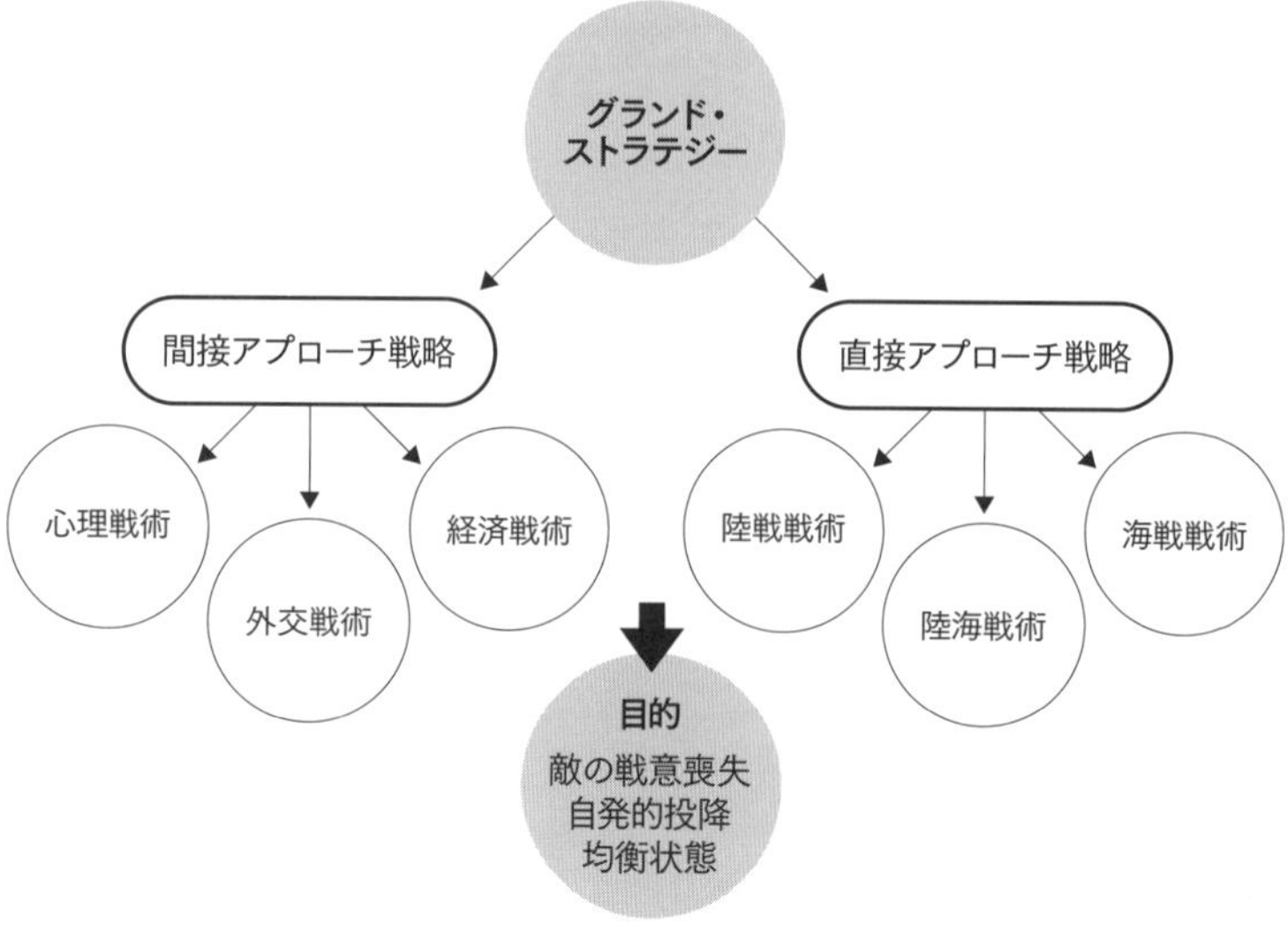

要となる。

一つは、心理的に敵が最も予期していない「最小予期線」を攻撃する戦略である。これは、敵が対抗する可能性を想定して敵の心理の裏をかくことである。物量計算によって最も効率的な作戦を遂行することよりも、敵の心理状態を徹底的に撹乱し、心理的に動揺させることが重要なのである。

もう一つは、物理的に敵の抵抗が最も弱いと考えられる箇所を徹底的に攻撃する「最小抵抗線」の攻撃である。ただし、補給路の攻撃計画は敵に見破られやすい。ここでもやはり、敵の意表を突くような最小抵抗線を攻撃し、敵を撹乱させることが重要なのである。

このような間接アプローチ戦略と直接アプローチ戦略を体系的に実行するために、リデル・ハートはより高次元のgrand strategy（グランド・ストラテジー）の重要性を強調した。それは、戦後の平和を見据え、有利な形で均衡に持ち込み、戦争を終結させる方法を探る、より高次の戦略である。その概念は、**図表1-3**のように示される。

リデル・ハートは、このようなグランド・ストラテジーの下に、間接アプローチ戦略を用いて敵が自発的に降伏すれば、それは「ベストな戦争」だと考えた。まさに、孫子の言う「相手の上を行く最上の勝利法」である。これが困難な場合には、まず間接アプローチ戦略によって敵を徹底的に動揺させ、その後直接アプローチ戦略を実行する。こうして敵が降参すれば、それは「ベターな戦争」となる。

これに対して、開戦時から直接アプローチ戦略に基づくストレートな物理的攻撃だけを仕掛ければ、一時的な勝利は期待できるかもしれない。しかし、勝利の美酒に酔いしれる間もなく復讐の連鎖が起こり、戦争の終結は遠のくことになるだろう。これは、愚かな戦いである。このような戦略は、戦争を泥沼化させるのは必定である。テロ撲滅をうたったアメリカによるイラク戦争を引き合いに出すまでもないだろう。

3-3◉外交を重視した日露戦争の間接アプローチ戦略

以上のようなリデル・ハート流の戦略思想に基づいて展開されたのが、日露戦争での日本の戦略である。一九〇〇年代初め、帝政ロシアは南下政策を中東から極東へと転換し、支那（現中国）の植民地化を虎視眈々と狙っていた。一方、日本はロシアの野望が朝鮮半島に及ぶことに危機感を抱いていた。日本にとって朝鮮は防衛上の要衝であり、経済上の生命線であった。このように、当時、両国は朝鮮半島の権益をめぐって一触即発の状態にあった。

当時、ロシアは世界五大強国の一角を占めていたが、日本はようやく近代国家の仲間入りを果たした小国にすぎなかった。常備兵力を比べても、ロシア軍約三〇〇万人に対して日本軍二〇万人余、軍艦の総排水量は、ロシア海軍が約五一万トン、日本海軍が約二〇万トンであった。日本とロシアでは、国力でも軍事力でも共にその差は歴然としていた。

こうした状況で、日本は一九〇四年（明37）二月一〇日、対露宣戦布告をした。この時、日本ははじめから、ロシアに対して完全な軍事的勝利を得ることはできないことを十分認識していた。むしろ、日本国滅亡の危機すら感じながら戦いに臨んだ。

それゆえ、日本軍の戦略目的は、いかにしてこの戦争を早期に優位な形で均衡して終わらせるかであった。そして、この目的を達成するために、どのようにして直接アプローチと間接アプローチを駆使するか、そのグランド・ストラテジーの立案に心血を注いだ。特に、日本が間接アプローチとして外交重視の方針を打ち出した点は特筆に値する。なかでも、一九〇二年（明35）に締結した日英同盟は、ロシアを牽制するうえでよく機能した。次のようなイギリスの行動によって、ロシアに間接的にプレッシャーをかけることができたからだ。

●イギリスは、ロシア海軍が購入しようとしたチリの戦艦二隻を即金で買い取った。

●当時、イギリスは世界一の情報機関を持っており、軍事・外交面で日本に正確な情報を提供した。
●イギリスは、世界一良質な炭を日本に独占販売した。燃費効率の高い炭によって、日本の軍艦の戦闘力はより高まった。

以下、間接アプローチと直接アプローチを併用して戦いを有利に終息させようとした日本軍のグランド・ストラテジーの一端を示してみたい。

まず、日露戦争が始まって二〇日ほど経った頃、元老伊藤博文の命を受けた貴族院議員の金子堅太郎が特使としてアメリカに急遽派遣された。金子は、ハーバード大学の同級生であったセオドア・ルーズベルト大統領に、日露和平の最終的な仲介役を依頼し、承諾を得た。

一九〇五年（明38）一月一日、日本陸軍が直接アプローチ戦略によって旅順《りょじゅん》を陥落させると、日本政府は講和の意思をすぐにアメリカに示し、間接アプローチを展開した。日本の意思に呼応して、ルーズベルトはロシアの同盟国フランスに対して、ロシアに講和を勧告するよう要請し、間接的にロシアにプレッシャーをかけた。しかし、ロシアはこれを拒否した。

同年二月二〇日、今度は日本陸軍が直接アプローチによって奉天《ほうてん》を占領した。しかし、日本軍は兵力や武器弾薬の補給が困難になっていた。三月一〇日、日本政府はアメリカに戦争終結の意思を伝えた。アメリカは、再びフランスを通じてロシアに講和勧告を行った。同時に、ロシアと親密なプロイセン（現ドイツ）に対しても講和勧告を要請し、間接的にロシアにプレッシャーをかけた。しかし、いずれもロシアは拒否した。アメリカは駐米ロシア大使にも早期講和を喚起したが、ロシアはこれも拒否した。

同年五月二七日、今度は日本海軍が直接アプローチ戦略によって日本海海戦で圧勝した。日本政府はこの勝利を好機と見て、すぐにアメリカに日露講和の斡旋を要請した。六月二日、アメリカは駐米ロシア大使に正式に講和を勧告し、間接的にロシアにプレッシャーをかけた。しかし、ロシアはこの勧告も断固として拒否した。

ロシア皇帝ニコライ二世から二通目の返書を受け取ったルーズベルトは、声を荒げて「ロシアにはサジを投げた。講和会議が決裂したら、（アメリカの）ラムズヘルド外相と（ロシアの）ウィッテ外相は自殺して世界にその非を詫びねばならない」と言ったという。

ところが、その後、事態が一変した。六月三日、ドイツ皇帝がルーズベルト大統領の講和斡旋を支持し、ニコライ二世に講和を勧告した。このプレッシャーに負けたニコライ二世は、六月七日、ついに講和提案を承諾した。こうして、九月五日、アメリカのポーツマスで日露講和条約が締結された。

日露戦争の結末は、一見、華麗な直接アプローチによる日本軍の勝利のように見えるが、実は、粘り強い外交を基調とする間接アプローチを併用した、見事なグランド・ストラテジーの勝利だったといえよう。

4 間接アプローチの限界と新しい世界観

アドルフ・ヒトラーも、実はリデル・ハートが主張していた間接アプローチ戦略を採用していた。ヒトラーは、戦争を嫌うイギリスのネヴィル・チェンバレン首相の心理を察知して強気の外交を展開し、直接戦うことなくオーストリアとチェコスロバキアを併合することができた。

しかし、ヒトラーは人間が限定合理的であるという事実と、物理的物体の世界だけではなく人間の心理的世界もまた独立して実在しているということを十分理解していなかった。無意識のうちに、物理的世界の一元論と人間の完全合理性の立場に立ってしまった。

それゆえ、彼にはグランド・ストラテジーを描くという戦略思想はなく、やがてクラウゼヴィッツ流の直接アプローチ戦略による破壊活動一辺倒の戦略に染まっていくことになる。

これに対して、リデル・ハートは、人間の限定合理性への理解が深かった。しかも彼は、人間には物理的世界だけではなく心理的世界もまた並存していることに気づいていた。人間は破壊や暴力によって他人の心理まで支配することはできないこと、それゆえ戦争では心理的な攻撃を交えながら均衡に持ち込むことが重要であることに気づいていた。

このように、いかなる戦略であろうと、その基礎となるのは世界観である。世界観こそが、その時代に必要な戦略を決定するといってもいいだろう。今日、軍事の世界では、原子爆弾の出現によって、クラウゼヴィッツ流の一元的な直接アプローチ戦略は実行不可能となった。しかも、人間の心理的世界も単なる幻想ではなく、実在していることが認識されるようになった。それゆえ、直接決闘することなく相手を降伏させる、あるいは均衡に導くことで勝利がもたらされるケースも出現してきた。まさに、直接アプローチ戦略の時代から間接アプローチ戦略の時代へと移行したといえるだろう。

しかし、ビジネスの世界はもっと進んでいる。これまで、人間は目に見えるモノ・サービスを中心にビジネスを展開してきたが、今日では知識、オプション、二酸化炭素の排出権などのように、物理的実在でも心理的実在でもない商品が取引されている。リデル・ハートが前提とした物理的世界と人間の心理的世界とは別に、知識、理論、権利といった第三の実在世界が存在しているのだ。

いまや、二元的な実在論に立つリデル・ハートの間接アプローチ戦略だけでは不十分なのだ。この第三の世界の実在性を無視するものは、ビジネスの世界では淘汰されてしまう可能性がある。何よりも、この新しい多元的世界観に基づく新しい戦略思想を展開する必要がある。そのために、経営戦略論の発展と、そのベースとなる世界観の変化を理解しておく必要があるだろう。

【注】

1. Carl von Clausewitz, *Vom Kriege*, P. Reclam jun., 1980.（邦訳『戦争論レクラム版』芙蓉書房出版、二〇〇一年）
2. Basil Henry Liddell Hart, *Strategy: Indirect Approach, 2nd/Rev*, Penguin, 1991.(邦訳『戦略論――間接アプローチ』原書房、一九八六年)
3. Tiha Von Ghyczy, Bolko Von Oetinger and Christopher Bassford, *Clausewitz on Strategy: Inspriation and Insight from a Master Strategist*, JohnWiley&Sons, 2001.（邦訳『クラウゼヴィッツの戦略思想』ダイヤモンド社、二〇〇二年）
4. 石津朋之『戦略論大系4――リデル・ハート』(芙蓉書房出版、二〇〇二年)、前原透（監修）『戦略思想家辞典』（芙蓉書房出版、二〇〇三年）

第2章

戦略の新しい世界観

1 経営学における世界観の変化

1・1◉一元的戦略論：経営学と物理的世界

経営学は、一九世紀末から二〇世紀初頭に登場した比較的若い学問である。一〇〇年にわたる経営学の歴史を振り返ってみると[注1]、そこに流れる世界観が大きく変化し、今日、新しい世界観に立つ必要性に迫られていることがわかる。

経営学の父と呼ばれているフレデリック・W・テーラーに始まる古典的な「科学的管理法」では、企業で働く人間は物理的存在と見なされていた。それゆえ、古典的なマネジメントの課題は、物理的存在としての人間をいかにして能率よく働かせ、より早くかつより多くの製品を効率的に生産させるかであった。この意味で、当時の経営学は工学的ですらあった。

テーラーは、労働者の動作を研究しているうちに、繰り返し業務に多くの無駄な動作があることを発見した。そして、その無駄を省くことによって大幅に作業時間が短縮でき、生産性が向上することに驚いた。そこで、彼は第一級の労働者の作業動作を手本に各作業工程を標準化し、人間が一日で可能な標準作業量を「課業」と呼び、それを労働者に実行させた。これによって会社の利益は上がり、労働者は第一級の労働者となって高賃金を獲得できると主張した。このテーラーの管理思想は、やがてヘンリー・フォードによって流れ作業方式による大量生産システムに組み込まれ、実を結ぶことになる。

このように経営学の生成期には、労働者もその集合体である組織も、工学的観点から、ある目的を達成するために組み立てられる一種の機械と見なされた。つまり、物理的世界を前提とするマネジメントが展開されていた。しかも、当時は、優れた製品を作れば自動的に売れたので、そのような製品を効率的に製造することが経営の戦略的課題でもあった。

1-2◉二元的戦略論：経営学と物理的世界・心理的世界

このような古典的経営学にとって、ゼネラル・エレクトリック（GE）の依頼によるウェスタン・エレクトリック（WE）のホーソン工場で行われた実験は衝撃的であった。創業者であるエジソンが発明した電球の販売促進を行うために、GEは、工場内の照明をランプに代えて電球で明るくすると急速に従業員の生産性が高まるという実験結果を期待し、それを宣伝用に利用しようとたくらんでいた。

しかし、GEの思惑は完全に外れた。実験場となった作業場の電球の照明の度合いとはまったく関係なく、実験場の工員たちは「注目されている」あるいは「選ばれている」という心理的な意識をむき出

図表2-1◉マズローの欲求階層説

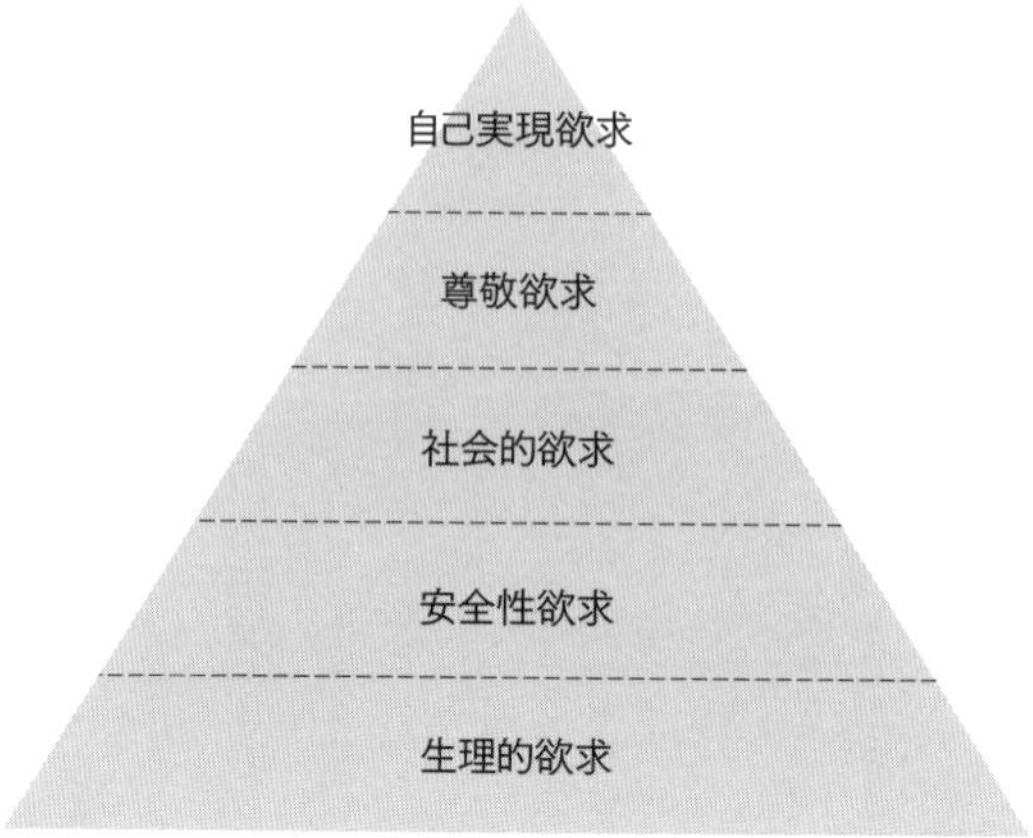

しにして元気に働いた。労働者は、経営者から注目されていることに、喜びと誇りを感じていたわけである。

今日、経営者が労働者の仕事ぶりに関心を寄せることによって発生する心理的なプラス効果は「ホーソン効果」と呼ばれている。人間の心理的世界がマネジメントに影響を与えることが明らかとなった瞬間であった。

その後、GEはこのプロジェクトから完全に手を引くことになる。しかし、この実験に興味を持ったWEによって「ホーソン実験」は継続された。しかも、より本格的に研究を進めるために、ハーバード大学からエルトン・メイヨー教授を招き、社会学的・心理学的観点から八年間にわたって研究が続けられた。

その結果、明らかになったのは、労働者は単なる機械的存在ではなく、心理的要因に強く依存し、この心理的要因が労働意欲を高め、生産性に影響を与えるということであった。これら一連の研究は、今日、「人間関係論」と呼ばれている。

その後、フォード財団の支援もあり、さらに心理学を取り入れたより学際的な「行動諸科学」と呼ばれる研究が発展していった。そして、行動諸科学では、人間はそもそも何を欲し、何を求めているのかが問題とされた。

これに対して、心理学者アブラハム・H・マズローは、**図表2-1**のように、人間の欲求はある順序に従って発展し、しかも階層構造となっていることに気づいた。[注2]

❶衣食住に関する生理的欲求
❷けがや病気を回避する安全性欲求
❸家族愛を求める社会的欲求
❹他人から尊敬されたいという尊敬欲求
❺潜在能力を開花させたいという自己実現欲求

マズローは、低次の欲求が充たされてから高次の欲求が発生すること、言い換えれば、低次の欲求が充たされないままでは高次の欲求は発生しないと主張した。

この考えに影響を受けて、ダグラス・マグレガーが展開したのが「XY理論」と呼ばれる組織管理論である。マグレガーは、人間がもっぱら低次の欲求充足に関心を持つという人間観を「X理論」と呼び、人間が高次の欲求充足に関心を持つという人間観を「Y理論」と呼んだ。

彼によれば、現代企業では、ほとんどの従業員の低次の欲求はすでに充たされているので、X理論に基づく管理はもはや妥当しないとした。現代企業の従業員には高次の欲求があり、Y理論に基づいて従業員の自主性や創造性を育むような新しい管理法を展開する必要があると主張した。

これに対して、フレデリック・ハーズバーグは、多くの実験から人間には「アダム的欲求」と「アブラハム的欲求」があるとした。前者はマズローの低次の欲求であり、生命、飢え、痛み等を回避し、安全性や従属性を求める動物的欲求である。後者はマズローの高次の欲求であり、精神的成長や自己潜在能力の実現を求める欲求である。

しかも、ハーズバーグは、調査の結果、これら二つの欲求が階層関係にあるのではなく相互に独立して併存していること、それゆえ二つの欲求を同時に充たすような管理を展開する必要があることを主張した。

以上のように、人間は単なる物理的世界の住民ではなく、心理的世界の住民でもあることが明らかになった。より正確に言えば、人間は家庭と職場とを完全に分離することができず、家庭と同様に職場でも心理的な感情や心情を持ち込んで行動するということである。

このことは、人間の心理状態をマネジメントしなければ、職場では従業員が効率的に働かないということを意味した。他方、消費者の心理状態をくすぐるような製品を作らなければ、商品は売れないということである。このようにして、物理的世界と心理的世界の二元的世界観を前提として経営学は発展していった。

1-3◉多元的戦略論：経営学と多元的世界

さて、物理的世界と心理的世界の二元論に基づいて新しい経営学を展開したのは、近代経営学の代表であるチェスター・I・バーナードである。彼は、人間の機械的側面だけをマネジメントした場合、会社の利益にとって有効な行動は得られるが、従業員の心理的満足は得られないので能率的ではないと主張した。また、逆に人間の心理的満足だけをマネジメントすれば能率的ではあるが、会社利益にとっては有効的ではないとした。それゆえ、人間の二つの側面をマネジメントすることが重要なのであり、このようなマネジメントを展開することによって、組織は有機的に機能し永続すると主張した。

ところが、人間が関わる世界には、物理的世界や心理的世界とは別に、もう一つの世界が実在することが徐々にわかってきた。人間の知性によって把握されうる知識、権利、無形資産、オプションなどから構成される世界である。今日、この世界は、ビジネスの対象として非常に重要な位置を占めている。

これまで、我々は製品自体を交換取引していると考えていた。しかし、実際に取引しているのは、ある製品が持つ特定の性質に関する所有権[注3]なのだ。たとえば、小売店でテレビを購入したとしよう。そして、テレビを家に持ち帰り、スイッチを入れた時画面が映らなかったとしよう。この時、消費者は「こんなテレビを買った覚えはない」と怒り、小売店に文句を言って新しいテレビに交換してもらうか返金してもらうことになるだろう。このことは、何を意味するのだろうか。

要するに、消費者は、テレビという物体だけを購入するわけではないのだ。テレビには、映像を映し出し、音声を出すという機能のほかに、大きさ、重さ、最後には廃棄物になるなど、物理的物体としての特徴もある。これらのうち、消費者は主として受信映像機能をめぐる所有権に対して代価を支払うのである。

このことを理解すると、次のようにビジネスチャンスが広がる。あるビルの一階部分を購入し、居酒屋ビジネスを始めたとしよう。しかし、一階フロアーを夜だけ使用するのは効率的ではないので、日中は喫茶店でも始めようかと考える。もちろん、自分で喫茶店を営業してもよいが、日中だけ一階フロアーの使用権を他人に貸し出すこともできる。さらに、日中の使用権だけを他人に売り渡すことも可能である。

このように、ビジネスの世界では物理的物体そのもののほかに、「使用権」という目に見えないものも存在することが明らかになってきた。特に、最近では二酸化炭素（CO_2）の排出権などの取引が活発化しており、またオプション（買うか買わないかを決定するだけの権利）なども取引対象となっている。したがって、優れた製品を作れば売れるという一元的マネジメントの時代は、もはや完全に終わったと考えるべきであろう。

たとえ性能が非常によい物理的製品を作ったとしても、買い手がその性能を十分理解できなければ、それを使いこなすことはできない。たとえば、パソコンの性能を熟知し、その機能を完全に使いこなす人がどれだけいるだろうか。ほとんどの人が、パソコンの持つ性能や機能の一部しか使い切れないのだ。それゆえ、物理的に優れた性能や機能を持つパソコンを作ったとしても、それだけで売れるとは限らない。むしろ、人々はパソコンに付随しているブランド・イメージ、デザイン、スマートさといった無形なものに惹かれている可能性がある。今日、そのような見えないものが実在しているという認識を前提としてビジネスを展開する必要があるといえるだろう。

2 ポパーの多元的世界観

2-1◉二つの世界観

以上のような経営学の歴史の背後に流れる世界観の変化は、科学哲学者カール・ライムント・ポパー[注4]の多元的世界観によってさらに明確化することができる。

ポパーは、ウィーンで科学的知識発見の論理的プロセス[注5]を研究する過程で新しい世界観に到着した。当時、科学的知識発見の論理として注目されていたのは、以下の二つのプロセスであった。

❶帰納主義：物理的世界に対して、人間の五感で感じられる観察データをたくさん収集することによって帰納的に普遍的な科学的知識に至る真なる論理プロセスが存在するという説。たとえば、黒いカラスを多数観察することで、帰納的に「すべてのカラスは黒い」という普遍的命題を得ることができるということ。

❷心理主義：心理的世界に対して、科学的知識発見に至る心理的な論理的プロセスが存在するという説。たとえば、アルベルト・アインシュタインの相対性理論発見に至る心理プロセスを分析すれば、論理的に相対性理論を導くことができるということ。

これらについて、ポパーは、科学的な知識発見に至る真なる論理プロセスなど存在しないと主張した。それは、偶然や直観だったり、非合理なプロセスであったりするとした。たとえば、「すべてのカラスは黒い」という普遍的命題を観察から論理的に導くには、あらゆる場所であらゆる時間に存在するカラスを観察しなければならない。しかし、それは不可能である。有限個の観察から無数のカラスについて述べるためには「論理の飛躍」が必要なのだ。

また、アインシュタインの心理プロセスをどれだけ細かく分析しても、相対性理論の内容それ自体をすべて説明することも理解することもできない。アインシュタインですら、自分の理論が原子爆弾を生み出すことになるなど思いもしなかったはずだ。そして何よりも、アインシュタイン自身が亡くなってなお、相対性理論自体は存在し続けているのだ。

こうしてポパーは、理論の内容の世界が物理的世界や人間の心理的世界とは異なる世界であることに気づいた。そして、人間を取り巻く世界を三つに分け、多元的実在論を主張したのである（図表2-2参照）。

世界1：椅子、机、身体などの物理的世界
世界2：人間の心理、心的状態の世界
世界3：知識、理論内容、権利、情報など、人間の知性で把握できる世界

ポパーは物理的世界を世界1、心理的世界を世界2、そして、人間の知性によって把握できる知性的世界を世界3と呼んだ。ここで、世界1（物理的世界）によって世界2（心理的世界）を完全に説明することはできないし、世界2（心理的世界）によって世界3（知性的世界）を完全に説明することもできない。それゆえ、三つの世界は相互に自律しているといえる。

ポパーによれば、リヒャルト・ワーグナーの音楽は世界2の音楽であり、ヴォルフガング・アマデウス・モーツアルトの音楽は世界3の音楽だとした。というのも、ワーグナーの音楽は人間の心理状態や感情を音で表現しているために、人間の気持ちを高揚させるからである。だからアドルフ・ヒトラーは、第二次大戦中、兵士の戦闘意欲を高めるためにワーグナーの音楽を利用したのだという。その音楽は発見ではなく、あくまで発明にすぎないのだ。

一方、モーツアルトの音楽は、だれがいつどのような心理状態で演奏しようとも、それほど大きな違いはない。それは、発明というより理論のように、もともと存在していた美しい旋律を人間が発見したのだという。

図表2-2◉**ポパーの3つの世界観**

世界1 物理的世界	世界2 心理的世界	世界3 知性的世界
物質	人間の心理状態	一般的知識・技術的知識
物体	感情	理論内容
物理的状態	欲望	取引コスト
人間の身体肉体	心理プロセス	問題
紙としての本	理論発見に至る心理状態	価値、芸術的価値
絵具と布としての絵画	本を読んでいる心理状態	本の内容
	ワーグナーの音楽	観念、概念
		バッハやモーツアルトの音楽

2-2◉知性的世界の客観性

ポパーの多元的実在論では、世界2（心理的世界）と世界3（知性的世界）との違いが特に重要である。人間は、偶然あるいは非合理的であるかもしれないが、何らかの心理プロセスを経て理論を生み出すわけだが、理論を広く一般に公表してしまうと、それは創造した人間の主観的な心理的世界から独立し、理論そのものは客観的対象となる。

ポパーによれば、心理的世界と知性的世界はまったく異なる世界であり、前者は個々人の主観的世界であるが、後者は知性を持つだれもが自由にアプローチできるという意味で、客観的な実在世界であるとした。

たとえば、我々が、アインシュタインが相対性理論を発見するまでの心理プロセス（心理的世界）を理解できたとしても、相対性理論の内容（知性的世界）そのものを完全に理解することはできない。なぜなら、相対性理論からは、無数の予測言明が導き出されうるからである。つまり、相対性理論の無限に広がる内容そのもの（知性的世界）は、理論の発見に至るアインシュタインの主観的で有限な心理プロセス（心理的世界）とはまったく異なる客観的世界として実在しているのである。

2-3◉三つの世界の相互作用

さらに、ポパーは、世界1（物理的世界）、世界2（心理的世界）、世界3（知性的世界）は相互作用すると言う。世界3は、世界2を通してのみ世界1に作用する。逆に、世界1は世界2を介してのみ世界3に作用する。要するに、物理的世界と知性的世界が直接作用し合うことはないわけである。

たとえば、「爆弾の作り方」という知識（知性的世界）が心理状態（心理的世界）を通じて理解され、爆弾（物理的世界）が製造される。また、書物はそれ自体が紙からなる物理的物体（物理的世界）であるが、その内容（知性的世界）は人間の心理状態（心理的世界）を通じて理解される。

このような世界1、世界2、世界3からなるポパーの多元論的な実在論に基づいて、物理的世界のみならず、人間の心理的世界と知性的世界も並存していることを十分理解する必要がある。これを無視して行動すれば、三つの世界で変化が生じた時、企業は簡単に淘汰されてしまうだろう。現代の産業社会では、各企業はこれら三つの世界の実在性を前提とした多元的な戦略を展開する必要があるのだ。

3 多元的世界観に基づく戦略アプローチ

以上のようなポパーの多元的世界観に立てば、世界1（物理的世界）、世界2（心理的世界）、世界3（知性的世界）といった三つの世界の相互関係は、次のような三つのケースに分けることができるだろう（図表2-3参照）。

❶三つの世界が相互に作用しながら同じ方向に変化する。
❷三つの世界が相互に独立してまったく異なる方向に変化する。
❸二つの世界は相互に作用しながら同じ方向に変化するが、一つの世界だけは独立して別の方向に変化する。

ここで、物理的世界だけを対象とする一元的経営戦略に従う企業は、❶の変化に対応できても❷と❸の変化には対応できず、淘汰される可能性が高い。同様に、物理的世界と心理的世界を対象とする二元的戦略に従う企業は、❶や❸の特定のケースでは対応できても、❷と❸の特定のケースでは変化に対応

図表2-3◉多元的実在世界のイメージ

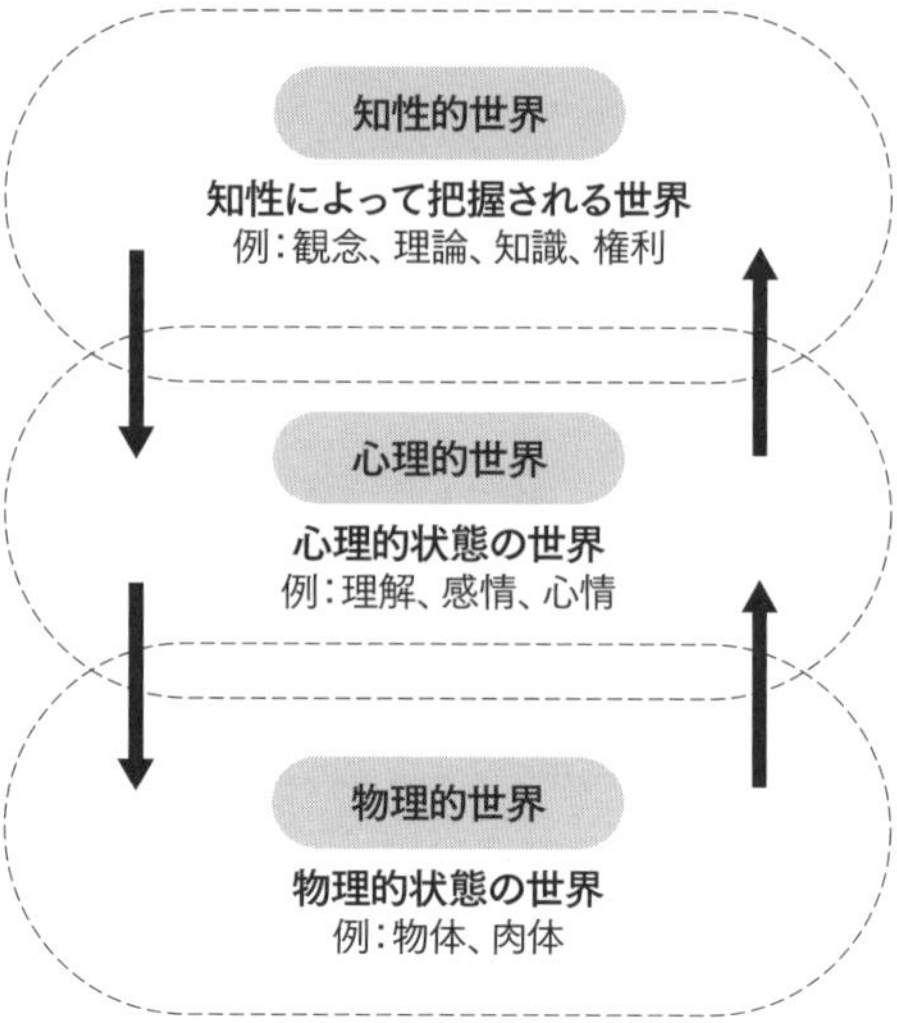

できず、淘汰される可能性が高い。

したがって、企業がどのような変化に対しても適応し生き残るには、三つの世界を対象とする多元的な戦略を展開しなければならない。本書では、このような戦略思想を「戦略のキュビズム」と呼ぶ。その簡単なイメージを以下に紹介しておきたい。

3・1◉物理的な直接アプローチ戦略

産業界では、イノベーションの必要性が強く叫ばれて久しい。たしかに、イノベーションによって新しい製品が生まれ、コスト・リーダーシップ戦略と差別化戦略によって企業が競争優位を築くことは、マイケル・E・ポーターが主張したとおりである（これについては第3章で詳しく説明する）。

また、バーガー・ワーナーフェルト、ジェイ・B・バーニー、リチャード・P・ルメルトたちが主張した、資源ベース理論が説明するように、他社が模倣できないような独自の資源（リソース）を専有し続け、それに基づく多角化戦略を展開すれば、戦略的優位性を築けるかもしれない。

しかし、そのような物理的世界を対象とする直接アプローチ戦略は、人々に驚きを与えることはあっても、人々が新製品を購入してくれるとは限らない。たとえ自社製品が他社より優れていたとしても、顧客がそれを購入してくれる保証はないのだ。

たとえば、ある無名企業が、マニア受けする高度な機能を搭載した、低価格のパーソナル・コンピュータを開発したとしよう。はたして、IBMやNEC、ソニー、富士通などのユーザーは、現在使用しているパソコンから、この無名企業の高性能・低価格製品に乗り替えるだろうか。

新製品に飛びつく顧客もいるだろうが、大挙して新製品に大移動するとは考えにくい。なぜか。顧客は物理的世界だけで生きているわけではないからである。人間は心理的世界でも生きているのであり、さらに知性的世界のなかでも生きている。この点に、注意する必要がある。

3-2◉心理的な間接アプローチ戦略

人間の心にはバイアスがあり、それが人間の購買行動に影響を与える。この心理的世界の実在性を十分理解し、この世界を対象とする間接的アプローチ戦略を展開しなければ、単に物理的世界で衝撃を受けたとしても、人間が行動に移そうというインセンティブは働かないだろう。逆に言えば、物理的世界で何の変化がなくても、心理的なアプローチによって人々の心理を動かすことができれば、大変化が起こりうる。

人間の心のバイアスがどのように人間行動に影響するかについては、今日、ダニエル・カーネマン、エイモス・トヴェルスキー、リチャード・H・セイラーたちによる行動経済学分野の研究が目覚ましい発展を遂げている。特に、ファイナンス分野への応用が有名だが、経営戦略論にも十分応用できるのだ(これについては第4章で詳しく説明する)。

行動経済学によれば、他社製品の顧客を自社の新製品へと乗り換えさせるには、人間の心のバイアスを是正する必要がある。あるいは、バイアスを利用して顧客の心理的世界に働きかけるような間接アプローチ戦略が必要になる。このことは、逆もまたありうるということだ。もし自社製品が支配的な市場に他社の新製品が出現したら、顧客に乗り換えられないように、心のバイアスをうまく作用させる方向に持っていく間接アプローチが必要となるのだ。

3・3◉知性的な間接アプローチ戦略

心理的世界とは別に、人間の知性によって把握できる知性的世界が実在する以上、その世界も人間の購買行動に影響を与える可能性がある。この知性的世界を対象とする間接的アプローチ戦略を展開すれば、物理的世界に何の変化がなくても知性的世界の変化だけで、人々は大きく動く可能性がある。たとえば、二〇〇八年、共立薬科大学が慶應義塾大学薬学部になった。建物、教員などの物理的変化は一切ない。しかし、受験者が大幅に増え、偏差値も急上昇した。これは、目に見えないブランド価値の存在によって説明できるだろう。

さらに、交渉・取引の際には「取引コスト」という目に見えないコストが発生する。それは、会計的に正確に計測することはできないが、ほとんどの人間はこの取引コストの重みを十分認識できる。このコストもまた知性的世界の住民である。

この取引コストの存在に気づいたのは、ロナルド・H・コースである。そして、それを引き継ぎ発展させたのが、オリバー・E・ウィリアムソンである。今日、この取引コストの存在を無視して経営戦略を展開することはできないだろう。

実は、多くの人々が変化を拒む原因の一つが、この取引コストの存在である。もし他社製品がすでに支配的な市場に、自社の新商品を投入する場合、目に見える製品の性能や価格だけではなく、消費者が自社製品に移行する際に発生する取引コストを節約するような間接アプローチが必要になる（これについては第5章で詳しく説明する）。逆に、自社製品が支配的な市場で他社の新製品が発売された場合には、これに関心を持つ消費者の取引コストが増加するような間接アプローチが必要となるだろう。

図表2-4◉キュービック・グランド・ストラテジーのイメージ

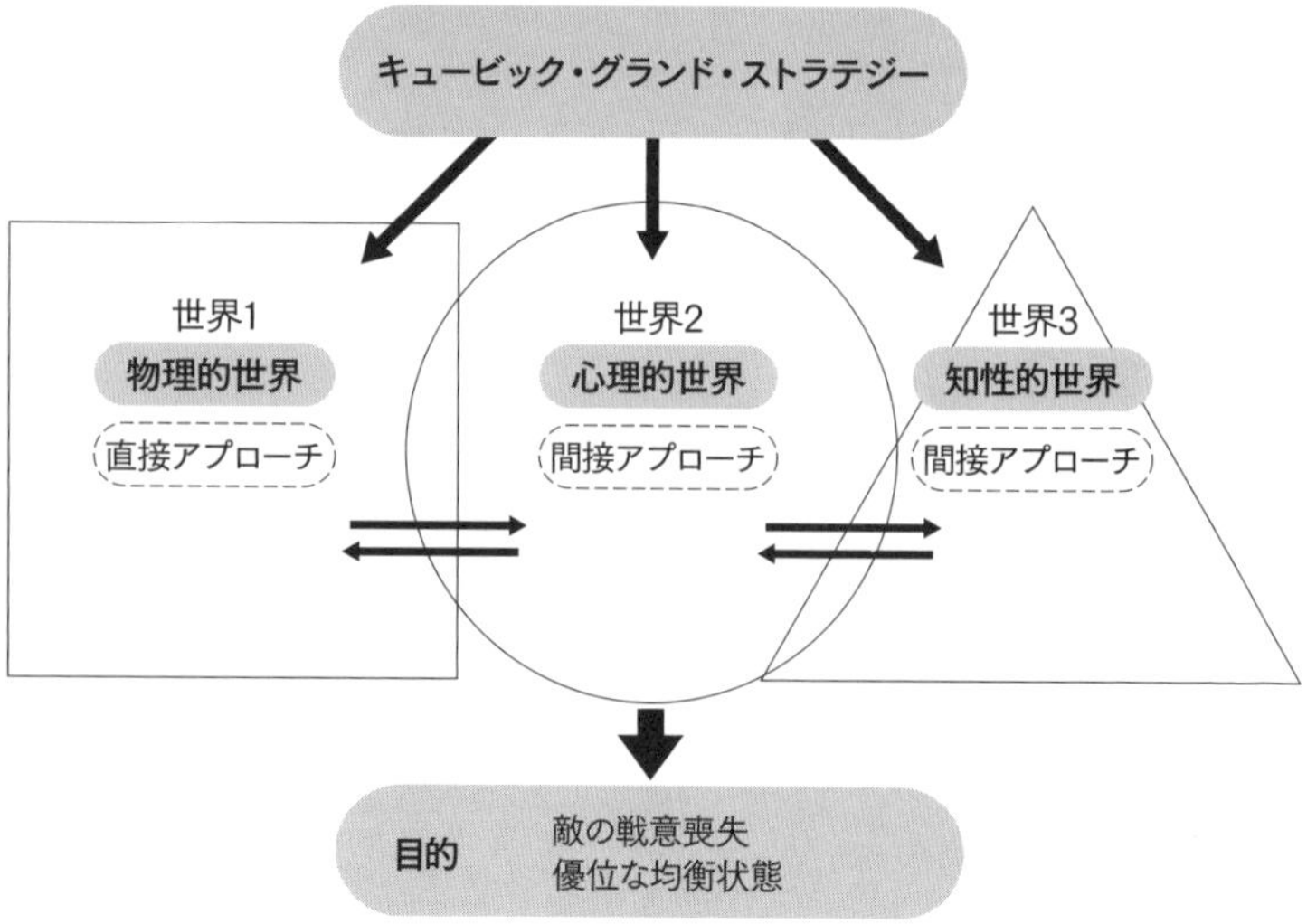

3・4◉キュービック・グランド・ストラテジー

以上のようなポパーの多元的実在論に立てば、物理的世界で技術的なイノベーションを起こし、それに基づいて直接アプローチ戦略を展開するだけでは不十分である。それだけで、製品が売れる保証はない。

そこで、本書では、物理的世界を対象とする直接アプローチ、人間の心理的世界を対象とする間接アプローチ、そして知性的世界を対象とする間接アプローチを立体的に構成するための戦略思想を展開する。

リデル・ハートは物理的世界と心理的世界といった二つの世界の実在性を前提として、直接アプローチと間接アプローチを展開し、それらを合体させた大戦略を「グランド・ストラテジー」と呼んだ。これに対して、本書で展開する戦略思想は、三つの世界の実在性を前提とし、一つの直接アプローチと二種類の間接アプローチを立体的に構築する大戦略である。本書ではこれを「キュービック・グランド・ストラテジー」と呼ぶ。そのイメージは**図表2-4**のようになる。

さて、もし心理的世界や知性的世界の実在性を前提として展開される間接アプローチ戦略だけで勝利できれば、それがベストであろう。それら間接アプローチに加えて、物理的世界の実在性を前提として直接アプローチ戦略を展開して勝利できれば、ベターな戦い方だ。しかし、物理的世界の実在性だけを前提として直接アプローチだけに終始するのは、非生産的で愚かな戦い方である。

実は、これまで展開されてきた経営戦略のほとんどは、物理的世界を対象とする直接アプローチ戦略であった。それは力と力がぶつかり合う一面的な戦いである。そのような戦いにたとえ勝利してもあまりにも消耗が大きい。直接アプローチ戦略だけで、二一世紀のビジネス界を生き抜く可能性は、今日、ますます低くなっているといえるだろう。

【注】

1. 経営学の歴史については、菊澤研宗『組織の不条理』（ダイヤモンド社、二〇〇〇年）を参照されたい。

2. Abraham Harold Maslow, *Motivation and Personality*, Harper, 1954.（邦訳『人間性の心理学』産業能率大学出版部、一九八四年。一九八七年に同じく産業能率大学出版部から改訂新版）

3. 製品の交換・取引の本質が所有権の交換・取引であることを明らかにしたのは、所有権理論の提唱者ハロルド・デムゼッツである。Harold Demsetz,“Toward a Theory of Property Rights,”*American Economic Review,* Vol. 57, 347-359, 1967. を参照。

4. ポパーは、当時、科学的発見の論理として帰納法を主張するウィーン学派を批判しながら、彼固有の新しい科学観、すなわち批判的合理主義を展開し、さらに新しい世界観へと議論を発展させていった。Karl R. Popper, *Conjecture and Refutations: The Growth of Scientific Knowledge,* Harper & Low Company, 1965.（邦訳『推測と反駁：科学的知識の発展』法政大学出版局、一九八〇年）、K.R.Popper, *Unended Quest: An Intellectual Autobiography,* Open Court Publishing Company, 1976.（邦訳『果てしなき探求　知的自伝』岩波書店、一九七八年）を参照。

5. Karl R. Popper, *The Logic of Scientific Discovery,* Hutchinson, 1959.（邦訳『科学的発見の論理（上・下）』恒星社厚生閣、一九七六年）

第II部

戦略の要素分解

第3章

物理的世界への直接アプローチ戦略

戦略の標準的経済学

1 ポーターの競争戦略論

1・1◉ポーターの競争戦略前史

現代経営戦略論は、マイケル・E・ポーターの競争戦略論から始まったといえよう。ポーターの戦略論は、人間の心理的世界を対象とするものではない。また、知性的世界を操作するものでもない。それは、物理的世界を対象とする戦略論であり、その理論的基礎の一つは、力と力の世界を描き出す新古典派経済学である。

新古典派経済学

新古典派経済学は、今日、市場の経済学とも呼ばれている標準的経済学である。新古典派経済学では、市場を構成する経済主体は、基本的に消費者と企業家である。そして、いずれの経済主体も完全に情報を収集でき、完全に情報を処理でき、完全にその結果を表現伝達できるという完全合理的な人間として仮定されている。

このような完全合理的な情報処理能力の下に、消費者は効用を最大化するためにみずからの労働力を供給し、財を購入する。他方、企業家は利益を最大化するために、労働力を購入し、財を供給する。そして、このような多数の消費者と企業家によって、多様な市場が多数形成されることになる。

ここで、もし市場で需要よりも供給が多ければ価格は下がる。その場合、下がった価格でも、なお力（能力）のある企業は財を生産供給し、力のない企業は市場から退出せざるをえない。逆に、供給よりも需要が多い場合には価格が上がる。この場合、力のない消費者は財を購入できないので市場から退出し、力のある消費者だけがこの高い価格でもなお購入できるので市場に残る。

このように、市場価格の変化によって力のある人々が市場取引に参入でき、力のない人々は市場から退出させられる。それゆえ、市場では価格が調整役となって能力のない人々から資源が流出し、能力のある人々に資源が配分され無駄なく効率的に利用される。

このような意味で、市場システムは価格メカニズムの下に、ヒト・モノ・カネなどの資源を力のある人々に配分する効率的な資源配分システムであるといえよう。そして、このことを厳密に説明する理論が新古典派経済学なのである。

しかし、ここで注意しなければならないのは、新古典派経済学では市場を唯一絶対的な効率的資源配分システムとして説明するために、企業を「完全合理的」で「利益最大化」する経済人として擬人化し、しかもそのような企業が多数存在し、相互に競争していると仮定している点である。

特に、企業が多数存在し競争的であるという仮定は重要である。なぜなら、一社が独占的に支配する市場では、能力がないにもかかわらず独占的な企業は自社にとって有利な価格を設定できるので、資源を必要以上に割安に購入し、生産物を必要以上に割高で販売することができるからである。

したがって、企業の数が少ない非競争的な市場では、能力のない人に資源が配分され、社会全体から見て非効率的な資源の利用が行われる可能性があるといえる。これが、新古典派経済学から導出される重要なインプリケーションの一つである。

産業組織論――ハーバード学派VSシカゴ学派

以上のような新古典派経済学の考えの下で、一九五〇年代から六〇年代にかけて、アメリカでは様々な業界について国家的観点から独占的か競争的かが分析された。そして、独占的と判断された業界には反トラスト（独占禁止）法が適用され、独占企業を分割することで強制的に競争が促進された。

当時、アメリカでは、独占禁止法の適用について理論的根拠を与える学問として、「産業組織論」という研究分野が発展していた。この分野で活躍していたのは、エドワード・S・メイスン、ジョー・S・ベイン、リチャード・E・ケイブス、フレデリック・M・シェアラーといったハーバード学派の研究者たちであった。彼らは、ある産業の構造（S）と行動（C）がその産業の成果（P）を決定するという「S－C－Pパラダイム」に基づく議論を展開していた（**図表3-1**参照）。特に、産業の構造要因（S）として産業の集中度、参入障壁、商品差別化などが議論された。その具体的な事例を、一九六〇

図表3-1◉**S-C-Pパラダイム**

構造（S：structure）
買い手と売り手の数（集中度）、規模の分布、
参入障壁、製品差別化、費用構造、需要の価格弾力性
⬇
行為（C：conduct）
共謀、価格戦略、製品戦略、R&D、広告
⬇
成果（P：performance）
産業の収益性、産出量の成長、雇用、技術進歩

年代のアメリカ自動車産業で見てみよう。

まず、産業構造の特徴であるディーラー（買い手）と売り手の数について考察すると、当時のアメリカ自動車業界では売り手の規模の分布は、ゼネラル・モーターズ（GM）とフォードがクライスラー、アメリカン・モーターズ（AM）よりも大きく、特にGMとフォードが多くのディーラーを抱えていた。それゆえ、売り手が少数で、その規模は不均衡であったが、一方、ディーラーは非常に多くいた。また、自動車業界の参入障壁は非常に高く、多大な投資と高度な技術的ノウハウが求められた。これが、当時のアメリカ自動車業界の産業構造であった。

そして、このような産業構造（S）の下に、この業界の企業行動（C）に注目すれば、当時は共謀戦略および価格戦略が展開されていた。つまり、競争優位にあったGMとフォードが中心となって価格を設定し、クライスラーとAMが追従するという共謀行為（価格に関する暗黙の共謀）が展開され、その成果として自動車産業の収益性が決定されていたわけである（**図表3-2**参照）。

この構造－行為－成果（S－C－P）パラダイムでは、一般に

図表3-2◉1960年代のアメリカ自動車産業

構造（S）
●買い手と売り手の数　●規模の分布
GM、フォードはクライスラー、AMよりも大きい。
GM、フォードは多くの買い手（ディーラー）を持っていた。
（売り手は少数、買い手は無数）
●参入障壁
自動車産業への参入障壁は非常に高い。
（規模の経済性が重要で、大規模な参入が求められる）
（高度な技術的ノウハウが求められる）
⬇
行為（C）
●共謀　●価格戦略
GMとフォードが価格設定し、クライスラーとAMが追従行為
（価格に関して暗黙の共謀展開）
⬇
成果（P）
●自動車産業の収益性

「集中度」が業界の競争状態を規定する重要な要因であると考えられ、その業界が独占か競争かを決定する最も重要な要因とされた。つまり集中度は、政府が寡占市場政策として、企業分割を含む構造規制を実行するうえで最も重要な要因とされた。

このようなハーバード学派の議論に対して、ミルトン・フリードマン、ジョージ・J・スティグラー、ハロルド・デムゼッツなどシカゴ学派の研究者たちは、業界の集中度の高さは優れた企業が競争に勝ち残った結果であり、非難されるべきものではないと反論した。ある業界の参入障壁が著しく高い、あるいは著しく独占化が進むのは、むしろ政府の介入や規制によるものだとした。そのため、シカゴ学派の研究者たちは規制緩和（反政府介入）と消極的反トラスト政策の実行を強く主張した。

ハーバード学派の限界とポーターの登場

こうした論争のなか、ロナルド・レーガン政権が一九八〇年代に規制緩和の流れを定着させ、アメリカの産業政策をめぐってシカゴ学派の考えが積極的に取り入れられていった。

しかも、この頃、ハーバード学派の因果論的なS－C－Pパラダイムをめぐる反証事例も徐々に出現し始めていた。つまり、S→C→Pの因果論的な流れに反して、逆に企業行為（C）が産業構造（S）に影響を与え、また産業成果（P）が逆に企業行為（C）に影響を与えるというケースも確認され始めた。たとえば、企業の特許獲得行為（C）は参入障壁という産業構造（S）に影響を与え、産業成果（P）が企業の研究開発（R&D）費の大きさ（C）に影響を与えることが確認された。

このように、当時、産業構造（S）を重視するハーバード学派は、シカゴ学派に対抗するための新たな理論武装の必要性に迫られていたわけである。こうした状況で、ハーバード学派から登場してきたのが若きポーターであった。

S－C－Pのフレームワークは、それまで国家の観点から政府が市場の独占性や競争性を判断するための産業構造分析ツールとして利用されていた。ポーターは、このフレームワークを個別企業の観点から産業構造を分析するツールとして利用できることを明らかにした。

彼によれば、新古典派経済学が説明する理想的な完全競争均衡状態にある産業は、個別企業にとっては最悪の産業となる。というのも、企業が利益を獲得している業界があれば他の企業がどんどん参入してくるので、完全競争均衡状態にある産業では、どの企業も利益を得ることができないからである。

それゆえ、ポーターは、そのような産業への参入を極力避け、個別企業は可能な限り不完全競争状態にある産業を見つけ出すか、あるいは完全競争的な状態にあったとしても、積極的にイノベーションを起こして意図的に不完全な競争状態を作って独占化を進める必要があると提唱した。個別企業が競争を避けて生き残る、つまり個別企業の独占化の方法こそがポーターの競争戦略論の本質なのである。

1-2◉ポーターの五つの競争要因モデル

では、企業が参入すべき産業をどのようにして見出すことができるのか。
ポーターは、産業内の競争圧力を五つの観点から徹底的に分析し、参入する業界を決定する必要があると言う。そのツールが、**図表3-3**「五つの競争要因モデル」（ファイブ・フォース・モデル）[注1]である。

F1　新規参入の脅威
潜在的な競合企業が多ければ、その業界の競争圧力は強いので、企業は製品価格を下げざるをえず、企業の収益率は低下する。それゆえ、このような業界への参入は避けるべきである。
F2　業界内の競争
業界内に競合企業が多く競争が激しければ、業界で販売される製品価格は下がり、企業の収益率は低下する。それゆえ、このような業界への参入は避けるべきである。

図表3-3◉**5つの競争要因モデル（ファイブ・フォース・モデル）**

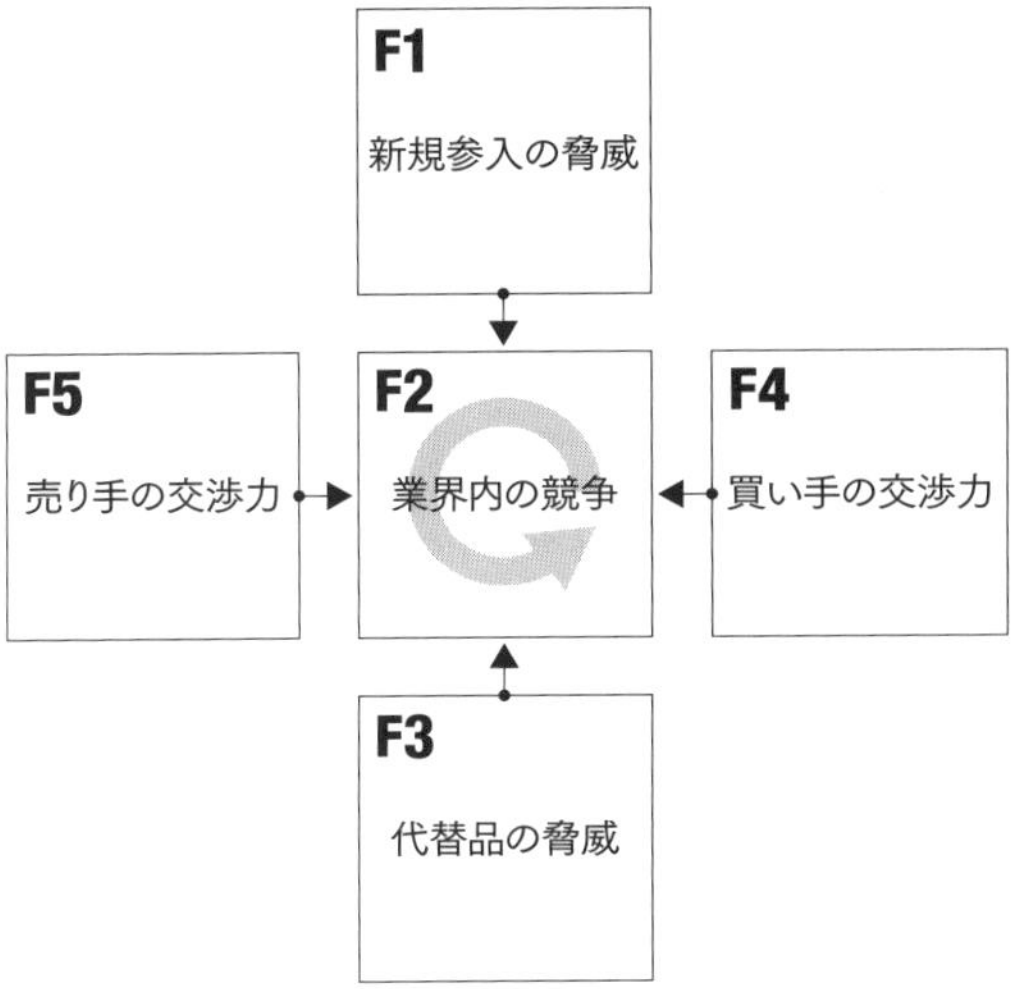

F3　代替品の脅威

潜在的な代替品が多ければ、その業界の競争圧力は強いので、企業は製品価格を下げざるをえず、高い収益率を望むことはできない。それゆえ、このような業界への参入は避けるべきである。

F4　買い手（顧客）の交渉力

買い手の交渉力が強ければ、業界の競争圧力が強く、製品価格を下げざるをえないので企業の収益率は低下する。したがって、このような業界への参入は避けるべきである。

F5　売り手（サプライヤー）の交渉力

売り手の交渉力が強ければ、その業界の製品原価が上昇するので、企業の収益率は低下する。それゆえ、このような業界への参入は避けるべきである。

図表3-4◉パソコン業界の競争要因分析

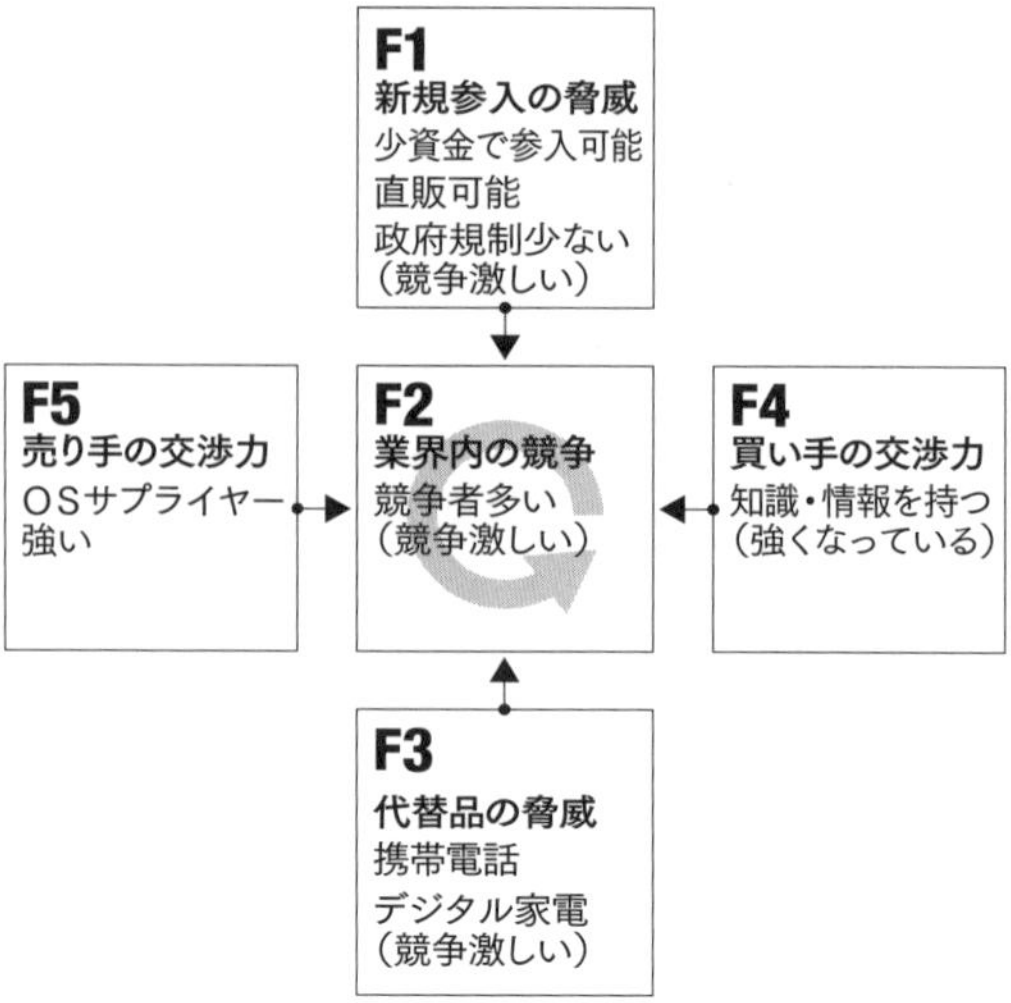

このファイブ・フォース・モデルを使って、パソコン業界を分析してみよう（**図表3-4**参照）。

F1　新規参入の脅威

パソコン業界は少ない資金で参入可能であり、しかも直販も可能で、政府の規制も少ないため、潜在的な競合が非常に多い。それゆえ、この業界の競争圧力は非常に強く、常にパソコンの価格を下げざるをえないので、企業の収益率は低くなる。

F2　業界内の競争

パソコン業界では競合企業が多く競争が激しいため、パソコン価格は常に低下し続ける。それゆえ、個別企業の収益率は低くなる。

F3　代替品の脅威

携帯電話やデジタル家電の動きが激しく、潜在的な競争圧力も非常に強い。それゆえ、パソコン価格を下げざるをえず、企業の収益率はたえず低下する可能性がある。

F4　買い手（顧客）の交渉力

近年では顧客が知識をつけ、交渉力も強い。それゆえ、パソコンの価格を下げざるをえず、企業の収益率は低い。

F5　売り手（サプライヤー）の交渉力

マイクロソフトなどのOSサプライヤーの交渉力が非常に強く、パソコンをめぐる原価を大幅に下げることができない。それゆえ、企業の収益率は高まらない。

パソコン業界は明らかに過当競争の状態にあり、革新的な技術や新しいサービスなどを独占的に提供できないのであれば、参入しないほうが賢明といえよう。

1-3◉ポーターの競争戦略

五つの競争要因が規定する競争環境において、参入可能な業界を見つけて優位に立つ企業を調査した結果、ポーターは三つの競争戦略が基本になることに気づいた（**図表3-5**参照）。

コスト・リーダーシップ戦略：より効率的なコスト構造の下に、より安い製品を生産販売して競争を

図表3-5◉**3つの競争戦略**

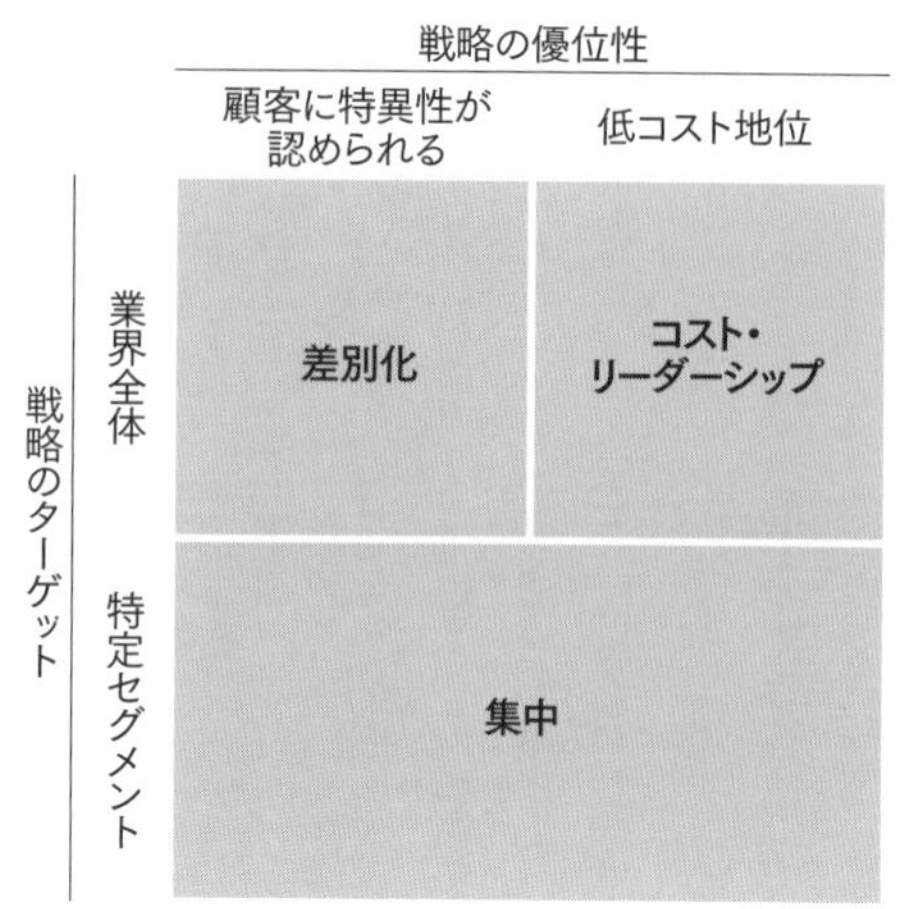

勝ち抜く。

差別化戦略：ターゲットとなる業界内で不完全競争を意図的に生み出すために、業界内の競合企業と明確に差別化できる製品を生産販売する。

集中戦略：コスト・リーダーシップ戦略あるいは差別化戦略を特定の地域や対象に集中して展開する。

コスト・リーダーシップ戦略

簡単に言えば安売り戦略である。つまり、低コストで製品・サービスを生産し、最終的に価格上で競争優位を確立しようとする戦略である。一般に、これは規模の経済性、学習・経験が生み出す経済性、高い市場占拠率、場所の優位性を利用することによって実現されうる。

トヨタは、この戦略に従い、カンバン方式によって市場が必要とする乗用車を的確に生産供給し、低コストの生産販売を実現している。また、ヤマハは、ピアノの品質をスタインウェイに近づけつつ、低価格化に成功した。一〇〇円均一という「一〇〇円ショップ」の戦略は、まさにコスト・リーダーシップ戦略の典型的な事例である。

世界最大の小売チェーン、ウォルマートもこの戦略を採用している。同社の合い言葉は、「エブリデイ・ロープライス」（毎日が安売り）である。もちろん、同社は、規模の経済性だけに依存しているのではない。流通システムの工夫、地方出店による地域ナンバーワンとしての市場独占化など様々な工夫を凝らしている。しかし、最終的にユーザーに訴える戦略として共通するのは価格である。

差別化戦略

顧客が他社の製品よりも明らかに価値があると認めるような製品を提供することを強みとする戦略である。品質、安全性、デザイン、ブランド、信頼性、修理のしやすさ、耐久性などで、顧客に魅力をアピールする。

たとえば、モスバーガーはマクドナルドとまったく逆の高級志向戦略を展開している。スターバックスは、他社と差別化を図るために濃くて香りの強いコーヒーで勝負している。さらに、ＩＴ業界で差別化戦略の代表例といえば、アップルであろう。ブランド力、デザイン性など、若者を中心に根強い人気を誇っている。

集中戦略

以上の二つの戦略を産業全体に適用する、あるいは特定セグメントに集中する戦略である。特定の顧客、地域、商品、サービスに特化してコスト・リーダーシップ戦略か差別化戦略を展開する。

たとえば、半導体メーカーのロームは、他社が敬遠する製品の生産に特化する戦略で成功している。また、ダイムラー・クライスラーの〈メルセデス・ベンツ〉は富裕層に対象を絞って成功している。さらに、日本の農業器具メーカーのクボタは、日本の農家だけをターゲットとして、狭い農地に対応する軽量・小型農業機械を製造して生き残っている。このように狭い市場で勝負することが集中《フォーカス》になる。

組み合わせ

以上の戦略を組み合わせた「差別化と集中戦略」「コスト・リーダーシップと集中戦略」も可能である。たとえば、アサヒ〈スーパードライ〉は差別化戦略と集中戦略の組み合わせの成功例であるといわれている。

しかし、ポーターによれば、コスト・リーダーシップ戦略と差別化戦略の両立は難しいという。というのも、そこには経済的なトレード・オフが存在し、コスト優位と差別化優位を共に追求する企業はコスト優位だけを追求する企業よりもコストは下がらないし、差別化だけを追求する企業よりも差別化できないのだ。安売りか、それとも差別化かをはっきりしない企業をstuck in the middle（中途半端はだめ）という。このような企業は、えてして失敗例になってしまうとポーターは指摘する。

1-4◉企業の価値活動(内部分析)

ポーターは、競争戦略を実行するに当たって、企業外部の業界分析のみならず企業内部の分析も必要だと言う。彼によれば、企業活動は**図表3-6**のように九つの価値活動に分解され、その分析を通して自社内に競争優位の源泉を見つけることができる。

企業の価値活動は、五つの主要活動（購買物流、製造、出荷物流、販売・マーケティング、サービス）と四つの支援活動（財務・会計・法務などの全般管理、人事・労務管理、技術開発、調達活動）に分析できる。そして、各活動の利益の合計が企業全体の付加価値なのである。

企業内部では、各活動がバリュー・チェーン（価値連鎖）となり、その付加価値分析を通して、企業は自社の強みと弱みを明確に認識できるのだ。この認識に基づけば、先に説明した三つの競争戦略のどれが有効であるかが判明するわけである。

これをジーンズ会社の例で見てみよう。その会社はジーンズの製造から、ブランド管理、マーケティング、流通、販売までを広く手がけているとしよう。

ジーンズ製造 → ブランド管理・マーケティング → 卸売り → 小売り → 消費者

しかも、この会社は、三つの流通プロセスを通じてジーンズを販売し、利益を得ているとする。

❶自社で製造したジーンズをノーブランドで卸し、卸売業者が小売業者へ販売する。この流通プロセスで得られる利益をAとする。

ジーンズ製造 →卸売り→小売り→

❷自社で製造したジーンズを自社ブランド製品として卸し、卸売業者が小売業者へ販売する。この流通プロセスで得られる利益をBとする。

ジーンズ製造＋自社ブランド →卸売り→小売り→

❸自社で製造したジーンズを自社ブランド製品として、直接小売業者へ販売する。このプロセスで得られる利益をCとする。

ジーンズ製造＋自社ブランド →小売り→

図表3-6◉**9つの価値活動**

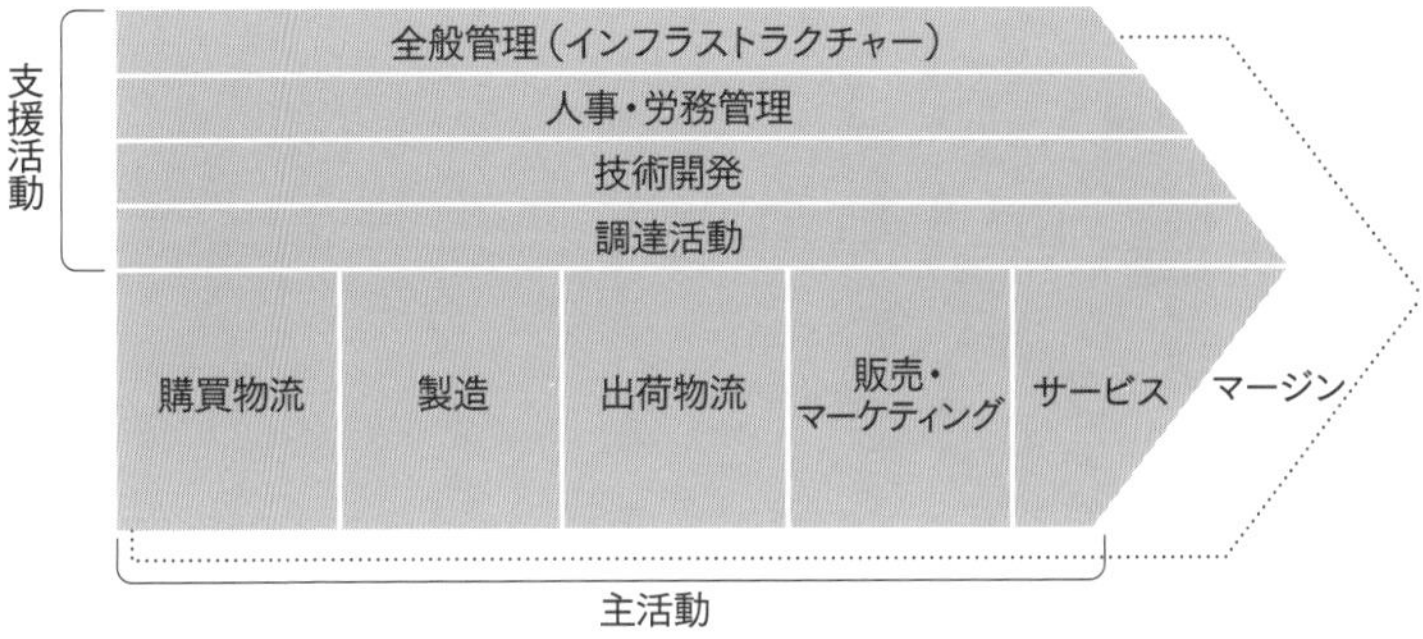

この場合、各部門の付加価値は、次のようになる。

製造部門の付加価値　＝　A
自社ブランドの付加価値　＝　B－A
流通の付加価値　＝　C－B

製造利益Aが高ければ、この企業はコスト・リーダーシップ戦略を展開することが効果的だ。自社ブランドの付加価値（B－A）が高ければ、差別化戦略が有効であり、流通の付加価値（C－B）が高い場合もコスト・リーダーシップ戦略が効果的である。

1・5◉ポーターの戦略論の限界

ポーターの競争戦略論では、コスト・リーダーシップ戦略と差別化戦略の両立は難しいとされる。そこには経済的なトレード・オフが存在するからだ。コスト優位と差別化優位の両方を追求すると、コスト優位を追求する企業よりもコストは下がらないし、

図表3-7◉パソコン業界の競争戦略の変遷

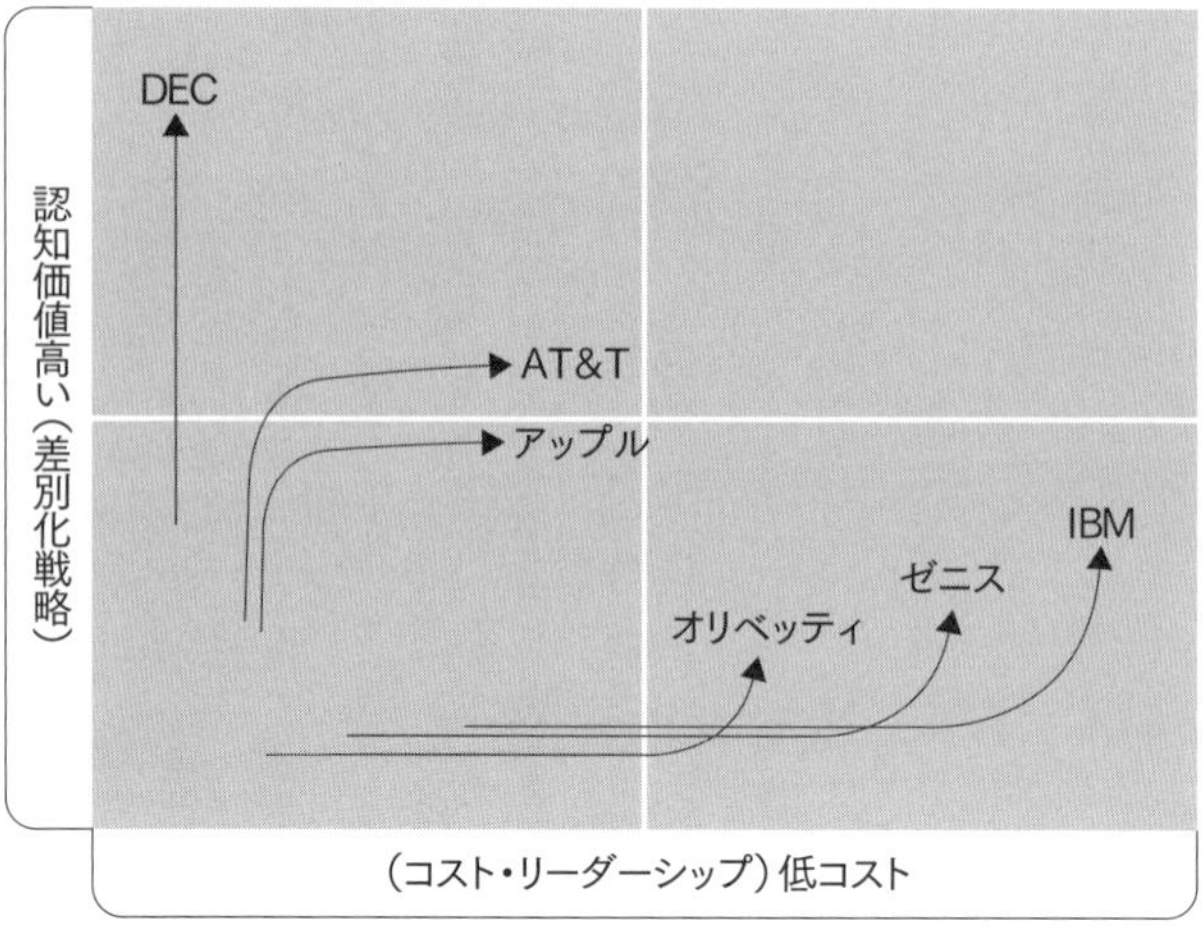

差別化を追求する企業よりも差別化できない。

ところが、パソコン業界を分析してみると、**図表3-7**のように、ＩＢＭは最初はコスト・リーダーシップ戦略を進め、やがてコスト・リーダーシップ戦略と差別化戦略を同時展開するようになった。また、アップルも最初は差別化戦略を進めていたが、やがて差別化戦略とコスト・リーダーシップ戦略を同時に展開し始めた。業界全体としても、初期は二つの戦略グループに明確に分かれていたが、やがて業界全体が両方の戦略を追求するようになった。[注2]

このことから、ポーターの三つの戦略の区別は、それほど重要ではないと言うこともできる。さらに、「中途半端」でもよいケースがある。たとえば、ヨーグルトの〈ダノン〉の品質は、高くも低くもない。また、価格も安くも高くもない。しかし、この商品は売れているのだ。

2 資源ベース理論

2-1◉資源ベース理論諸説

一九八〇年代は、以上のようなポーターの競争戦略論を中心に、主に企業の外部環境に目が向けられ、企業内部はそれほど重視されていなかった。しかし、ポーターの競争戦略論をめぐって上記のようなアノマリー（変則事例）が多く出現すると共に、一九九〇年代になると、企業の内部要素に注目する論文が次々と登場してきた。

そうしたなか、かつて企業内の資源をベースにして企業を評価していたエディスン・T・ペンローズの考えが復活する。彼女は、企業を資源の集合体と見なし、何よりも経営者は企業家精神を発揮し、利益を得るためにリスクを負担する存在なのだと主張していた。

一方、バーガー・ワーナーフェルトは、経営戦略関係でのベスト学術雑誌 *Strategic Management Journal* 誌で、企業にとって商品と商品との表面上の相互関係やシナジー効果に基づく多角化戦略を展開するのではなく、企業の独自資源に基づいて多角化戦略を展開することが重要であると主張した。

彼によると、多角化戦略を展開する場合、既存の製品と新製品との表面的な相互関係が重要なのではなく、その背後にある何らかの共通の企業固有のリソースが重要であり、企業はまずそれが何かを明確に自己認識し、これをベースにして多角化戦略を展開し、複数の製品を生産販売することがより効率的な活動だとした。そして、資源を企業戦略の基本とする必要があると指摘し、そのような戦略的思考をresource-based view（資源ベース理論）と呼んだ。

さらに、リチャード・P・ルメルトは、ある特定の産業に「参入障壁」が存在するように、同じ産業内にも特定の戦略グループが存在し、そのグループ内の各企業が持つ特定の資源が競争優位を生み出していることに気づいた。しかも、そのような特定の資源は同業他社がすぐに獲得することは非常に難しく、模倣することもできないという。それゆえ、このような企業に固有の資源は移動障壁となっており、隔離メカニズムとして機能していることを指摘した。

最近では、ジェイ・B・バーニーによる資源ベース理論も注目されている。彼によると、持続的競争優位を左右する要因は、ポーターが主張するような所属する業界の特質ではなく、企業が保有する固有のケイパビリティ（能力）である。

企業内に蓄積されている希少かつ模倣に多大なコストのかかるケイパビリティは、他のタイプの資源よりも持続的競争優位をもたらす要因となる可能性が高く、企業は企業戦略の一貫としてこのケイパビリティの開発を目指す必要がある。これがバーニーの考えである。

バーニーは、企業が市場で持続的競争優位を獲得するために必要なケイパビリティの必要条件としてＶＲＩＯ《ブリオ》を提示した。


Value（価値）：そのケイパビリティが顧客に対して直接的あるいは間接的に価値を創造している。

Rarity（希少性）：そのケイパビリティが業界内では希少資源である。

Imitability（模倣可能性）：そのケイパビリティを他社が模倣することが不可能あるいは困難である。

Organization（組織）：そのケイパビリティを組織的に有効に活用できる。


このように、もし価値（Ｖ）を創造し、かつ希少（Ｒ）であり、そして模倣困難な（Ｉ）ケイパビリティを、組織（Ｏ）が有効に活用できるならば、企業は持続可能な競争優位を獲得することができる、つまりバーニーの言うＶＲＩＯの条件にマッチしたケイパビリティを持つ企業は生き残れるだろうということである。

2-2◉プラハラッドとハメルのコア・コンピタンス論

以上のように、今日、多様な形で語られている資源ベース理論のなかでも最も有名な議論の一つは、Ｃ・Ｋ・プラハラッドとゲイリー・ハメルによって展開されたコア・コンピタンス理論である。[注3]

図表3-8◉**コア・コンピタンス**

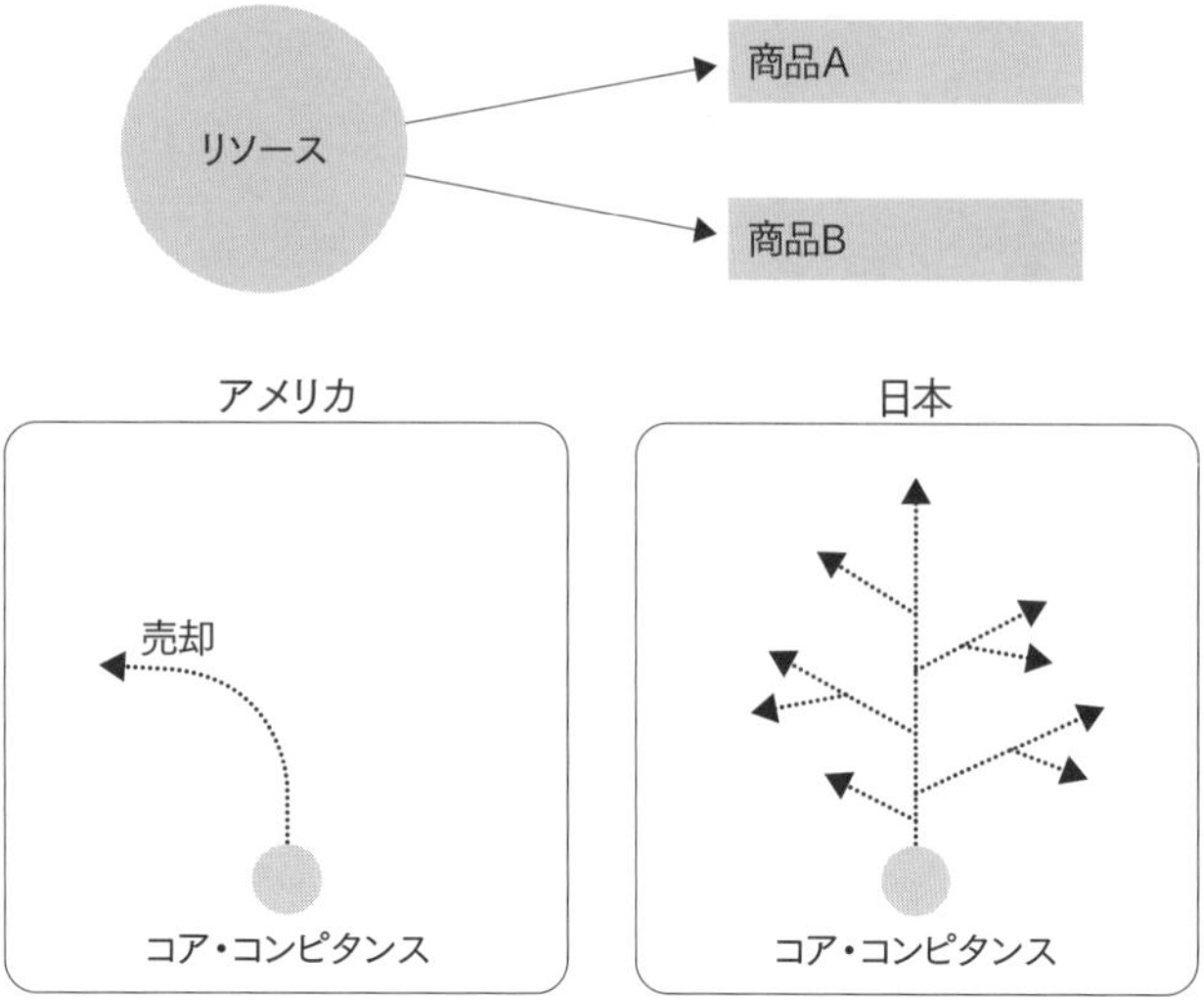

プラハラッドとハメルは、一九八〇年代の日本企業の急速な躍進に関心を持ち、アメリカ企業が日本企業よりも劣っているのは、アメリカ企業が企業の中核能力となる「コア・コンピタンス」(中核技術や中核的組織能力)を売却してきたからだとした。逆に、日本企業はこのようなコア・コンピタンスを地道に育て、またそのようなコア・コンピタンスを積極的に購入して長期的に温存し、徹底的に育て上げて使い切る点に、その強みがあると主張した(**図表3-8参照**)。

コア・コンピタンスの定義

コア・コンピタンスとは他社がまねできない企業の中核能力であり、経営戦略上の根源的な競争力につながるコア能力のことである。そのイメージとしては、たとえば個別技術と個別技術をつなぐような、より基本的なコア技術であったり、組織内の様々な生産技術を相互に調整する方法であったり、あるいは複数の技術的な流れを統合するものであったり、多様な事業集合をつなぎ合わせたりする「結合材的なもの」だとされる。

特に、コア・コンピタンスは「未来に一番乗りするための特技能力」であり、以下のような性質を持つ技術や技能などの集合体であるともいわれている。

❶顧客満足を喚起するもの。
❷自社に固有であって他社にとって模倣しにくいもの。
❸多面的・多角的に活用できるもの。

コア・コンピタンス経営とは

コア・コンピタンス理論によると、企業経営者はコア・コンピタンスに経営資源を集中する必要がある。コア・コンピタンスと関係のない不得意分野については、アウトソーシング、つまり外部から調達すればよい。特に、多角化する場合には、常に自社のコア・コンピタンスを基盤にして多角化を進める必要があり、商品間の表面上の相互関係は重要ではない。

また、リストラする際も、コア・コンピタンスに基づいてビジネスを再構成する必要があり、コア・コンピタンスに基づいてリエンジニアリング（業務の再構築）・継続的改善を行うことが、企業にとって合理的な経営となる。

さらに、企業再生や企業変革で、コア・コンピタンスを中核とした事業戦略の練り直しが必要となる。つまり、コア・コンピタンスと関連しないような選択と集中は無駄なのだ。

たとえば、ある建設会社A社が優れた「交渉力」を持っていたとしよう。いま、建設業界の規制が厳しくなり、「交渉力」だけでは公共工事を受注できなくなったとしよう。そこで、A社はその「交渉力」を生かして異業界に進出したところ、利益を得た。この時、A社のコア・コンピタンスは「交渉力」であったといえるだろう（**図表3-9**参照）。

企業のコア・コンピタンス

コア・コンピタンスの具体的な例として、ホンダのコア・コンピタンスの一つは「エンジン技術」であるといわれている。そこから、芝刈り機、除雪機、自動車などが開発されたからである。換言すると、「エンジン技術」がこれら一連の製品の結合材となっているのだ。さらに、ホンダではこのコア技術を幅広く展開し、今後は〈アシモ〉の「ロボット技術」を将来のホンダのコア・コンピタンスへと育てようとしているといわれている（**図表3-10**参照）。

また、ソニーでは、「小型化技術」がかつてのコア・コンピタンスだったといわれている。つまり、そこから、ラジオ、VTR、8ミリビデオ、〈ウォークマン〉が次々と開発されていったわけである（**図表3-11**参照）。

図表3-9◉**ある建設会社のコア・コンピタンス**

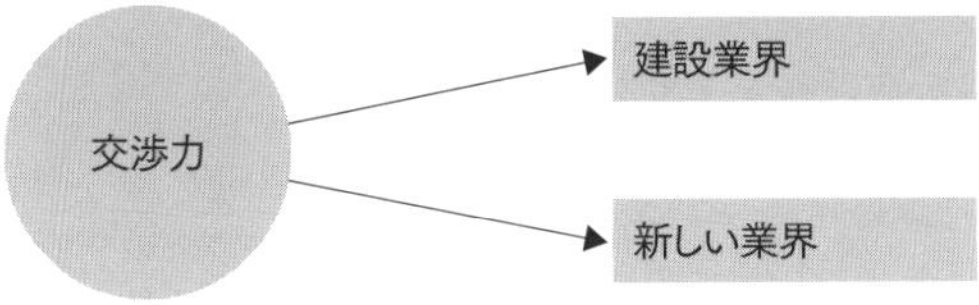

図表3-10◉**ホンダのコア・コンピタンス**

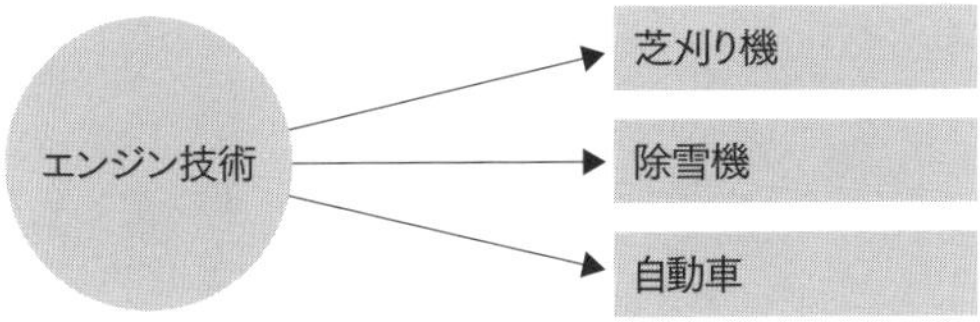

図表3-11◉**ソニーのコア・コンピタンス**

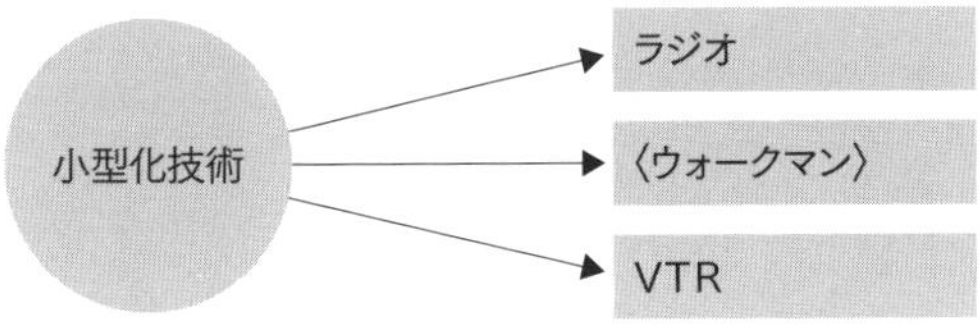

図表3-12◉**シャープのコア・コンピタンス**

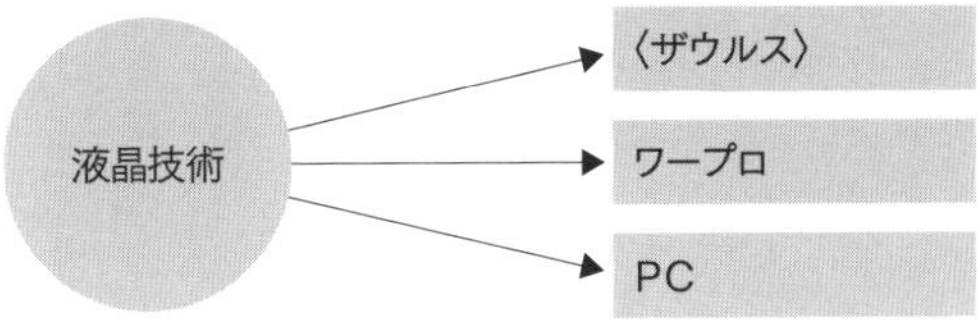

さらに、シャープでは、「薄型液晶ディスプレイ技術」がコア・コンピタンスと見なされている。そこから、〈ザウルス〉やワープロやPCが開発されている。まさに、液晶技術がシャープの様々な製品の接着剤的な役割を果たしているわけだ（**図表3-12**参照）。

そのほかに、キャノンはレーザー・プリンターで発揮されている画像処理技術、マイクロソフトはOS開発力がコア・コンピタンスである。また、花王は消費者の声を反映させた商品開発力と開発プロセス（〈ビオレ毛穴パック〉等）、セブン-イレブンでは、受発注管理の情報システムつまりPOS（物流効率の改善を実現）がコア・コンピタンスだといわれている。

2-3◉資源ベース理論の限界

企業観と資源の種類

以上のように、産業構造が企業の戦略行動を決定するというポーターの議論に反して、企業は内部に保有している固有の資源を基礎にして戦略を練る必要があるという様々な考え方の総称が、今日、「資源ベース理論」と呼ばれている。[注4]

このような戦略思想を広く一般的に要約すれば、資源ベース理論では、まず企業は固有の資源の束（組み合わせ）を所有している存在と見なされる。しかも、資源は、有形資産、無形資産、組織のケイパビリティに区別される。

有形資産：不動産、特殊な設備や原材料など、貸借対照表に記入される資産である。有形資産は一般的なものが多いため、差別化は難しく競争優位を確立しにくい。

無形資産：ブランド・ネーム、技術的知識、特許、商標、学習、経験など貸借対照表に計上されにくい資産である。このような資源や資産は差別化ができ、競争優位を築きやすい。また、多角化による業務拡大の際の基礎になりやすい資産でもある。

組織のケイパビリティ：組織がインプットからアウトプットを生み出す際に用いる暗黙の製造プロセス・ルール、オペレーション・ルールなどである。

資源ベース理論では、企業は既存の固有資源に依存し、常に新たな資源の獲得・蓄積の制約を受ける。より具体的に言えば、企業はフローとストックの相互作用に依存する。たとえば、ある企業が無形資産（ストック）として固有のブランド・ネームを形成したとしよう。このような固有資産があれば、低広告費で製品を高価格で販売できる。その結果、資金（フロー）を得る。しかし、持続的な競争優位性を維持するには、資金（フロー）を新たな企業活動や資源・資産の獲得に投資し、新しい固有資産（ストック）を形成する必要がある。

このようなストックとフローの相互作用を通して、企業は固有の資源と新しい資源を獲得して、資源ベースの戦略を展開することができるのだ。

資源のマネジメント

資源ベースの戦略を展開する場合、企業は競争優位を持続しうる固有資源の存在をどのように確認し、評価できるかが問題となる。それは様々な形で特徴づけられるが、一般的には次のような条件を満たす。

顧客の需要充足性：顧客の需要を満たす資源か。
希少性：希少かつ複製が難しい資源か。
専有可能性：資源が生み出す利益を専有できるか。

これらの条件を満たすような資源の存在を企業内で認識できれば、企業はその資源に集中し、必要とあれば他の資源を棄てる覚悟が必要となる。

資源ベース理論の限界

資源ベース理論は、明らかに人間の心理的世界を対象とする戦略ではない。また、知性的世界を対象とするものでもない。あくまで物理的世界を対象として展開される戦略であり、クラウゼヴィッツ流の直接アプローチ戦略の一種にすぎない。

また、資源ベース理論はいまだ理論ではなく、「リソース・ベースト・ビュー」に留まっている。つまり、「科学的理論」というよりも、単なる「物の見方」にすぎない点が最大の問題である。

このことは、論者によって「資源」「資産」「リソース」の定義や条件が異なり、共通の認識や定義が形成されていないことにも表れている。そもそも、資源、リソース、組織能力、コア・コンピタンス、ケイパビリティなどの基本的な用語自体が統一されていない。

それゆえ、この理論にとって都合の悪い事例（アノマリー）が出た場合、考え方や用語のあいまいさをうまく利用すれば容易に言い逃れができる。したがって、この理論は有益な批判を無視してドグマ化し続け、我々の認識を進歩させない可能性がある。

この意味で、資源ベース理論はいまだ経験科学的理論とは呼べない段階にある。それは、あくまでも「考え方の一つ」という程度の知識でしかない。この点に、くれぐれも注意してこの理論を扱う必要があるだろう。

3 ブルー・オーシャン戦略

最後に、最新の経営戦略論であるブルー・オーシャン戦略について説明しよう。これは、INSEAD《インシアード》教授のW・チャン・キムとレネ・モボルニュが二〇〇五年に発表した『ブルー・オーシャン戦略[注5]』で提唱された戦略である。

3・1◉ブルー・オーシャン戦略の概略

彼らによると、企業は生き残るために差別化しようとするが、企業は相互に、より売れている製品を模倣しようとするので、製品の質は均一化し、やがて日常化することになる。その結果、今度は価格競争に移行し、競争がさらに激化して相互に傷つけ合うことになる。このような「血みどろ」の争いを繰り広げている市場のことを、彼らは「レッド・オーシャン」（赤い血の海）と呼んだ。

企業がこのような状況に置かれている場合、取りうる戦略は二つある。❶あくまでもレッド・オーシャンで戦い続けるか、❷競争者のいない新たな市場で、まだ生まれていない無限に広がる可能性を秘めた未知の市場空間を目指すかである。この新しい未知の市場のことを、彼らは「ブルー・オーシャン」（青い海）と名づけた。

このような「競争」とは無縁のブルー・オーシャンという新しい価値市場を創造し、ユーザーに高付加価値を低コストで提供することによって、企業の利益最大化を実現することが、この戦略の狙いである。それゆえ、この経営戦略論によって、ポーターのstuck in the middle（中途半端はだめ）仮説が反駁されうる可能性がある。というのも、ブルー・オーシャン戦略では、コスト・リーダーシップ戦略も差別化戦略も両方可能になるからである。

さて、このブルー・オーシャン戦略を実践するうえで最も重要なポイントは、新しい価値市場を創造するために、バリュー・イノベーションという考え方によって、市場の境界線を引き直す点にある。バリュー・イノベーションとは、買い手に対して、まったく新しい価値を提供しながら、利益を獲得できるビジネスモデルを構築することによって、既存市場の境界を再定義することである。簡単に言えば、差別化と低コスト化を同時に実現することがバリュー・イノベーションなのである。

しかし、それは必ずしも商品自体のイノベーションを意味するわけではない。技術的イノベーションは、買い手に対して価値を提供して初めてバリュー・イノベーションになる。そして、このバリュー・イノベーションを実現した結果、ブルー・オーシャンという未開の市場が生まれてくるわけである。

図表3-13◉ワイン業界の戦略キャンバス

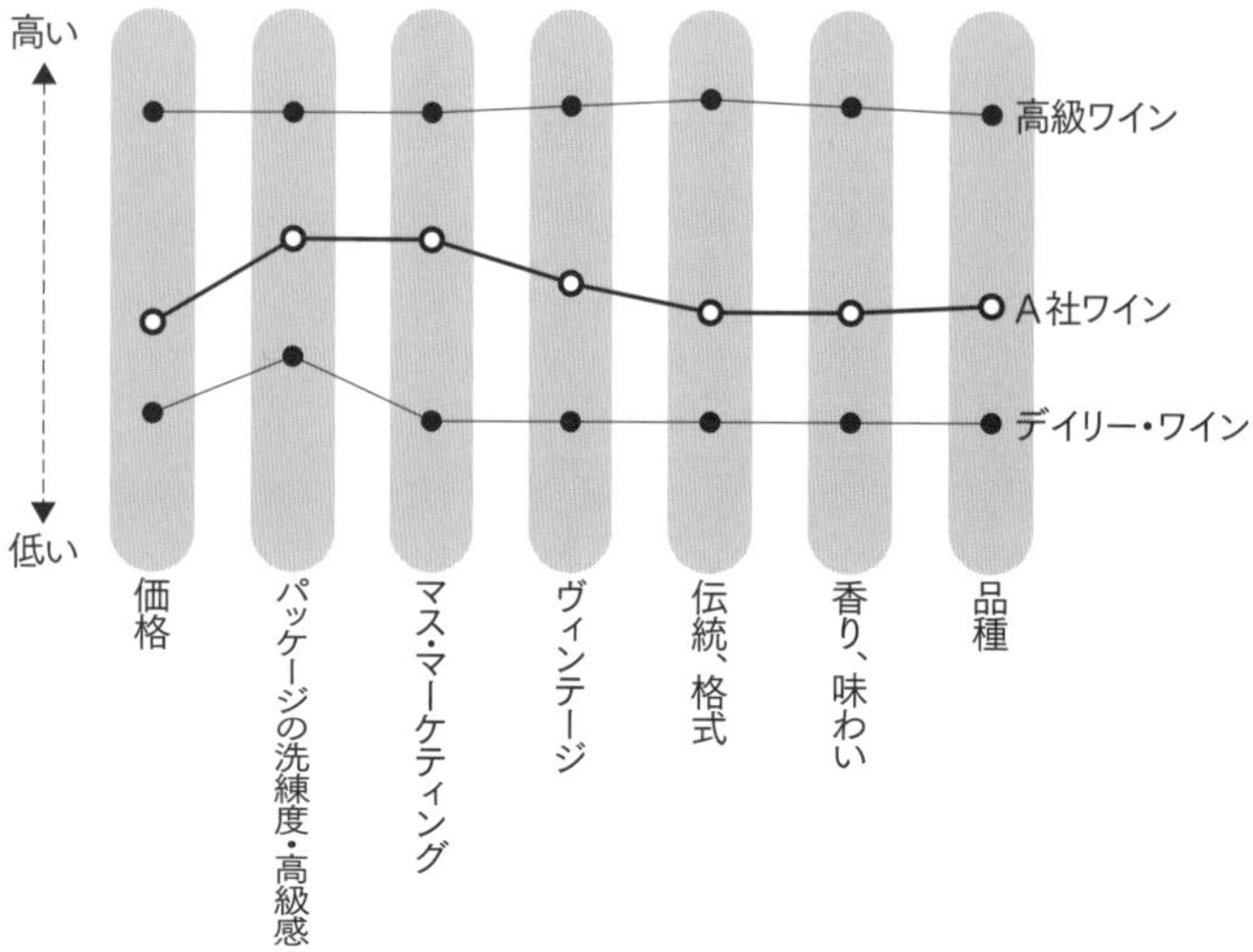

3-2◉ブルー・オーシャン実現の方法

では、どのようにバリュー・イノベーションを起こすのか。キムとモボルニュによって、そのためのツールやフレームが数多く提示されている。そのなかでも、「戦略キャンバス」「アクション・マトリックス」などが重要なツールとなっているので、これらを紹介してみたい。

業界の戦略キャンバス

戦略キャンバスとは、横軸が競争要因、縦軸はそのレベルを表し、自社の取り組みと他社の取り組みを比較するツールである。そして、各競争要因の点を結び合わせた線が他社の線と異なる場合には、新たな市場を創造できる可能性が高いことが確認できる。

たとえば、ワイン・メーカーA社を分析してみよう。ワイン業界の競争要因は、❶一本当たりの価格、❷パッケージの洗練度・高級感、❸マス・マーケティング、❹ヴィンテージ、❺ワイナリーの伝統や格式、❻香りや味わい、❼品種という七つの観点にまとめることができる。これらをスコア化して線を結べば、高級ワインとデイリー・ワインおよびA社のワインは、図表3-13のように曲線で描くことができる。この曲線が価値曲線であり、この場合、買い手からすると、いずれも同じような価値曲線で描かれることがわかる。こうして、自社の現状を認識できるわけである。

四つのアクションとマトリックス

ブルー・オーシャンを創造するための第二の分析手法が、図表3-14の四つのアクションである。それは、「取り除く」「増やす」「減らす」「つけ加える」という四つのセグメントに、自社が身を置いている業界や他社の取り組みを当てはめて自社の事業を再整理し、戦略キャンバスに新しい価値曲線を描き出す方法である。

❶業界の常識として製品やサービスをめぐって取り除くべきものは何か。
❷業界の標準と比べて思い切り減らすべき要素は何か。
❸業界の標準と比べて大胆に増やすべき要素は何か。
❹業界でこれまで提供されていない、それゆえ今後つけ加えるべきものは何か。

図表3-14◉**4つのアクション**

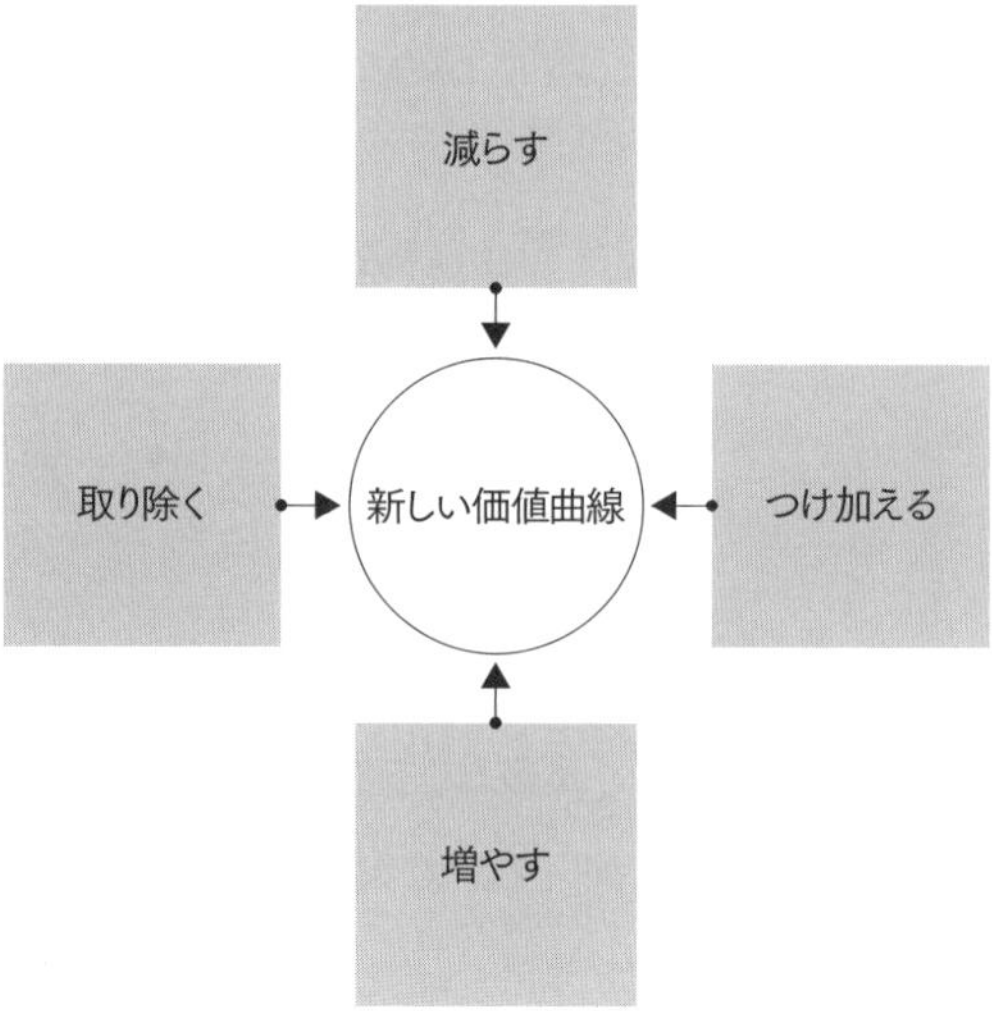

ここで、「取り除く」と「減らす」はコスト削減に結びつき、「増やす」と「つけ加える」は差別化と結びつくことになる点に注意する必要がある。それは、現状の競争要因に対して自身でどのような変化をもたらせば、ブルー・オーシャンを創造できるかを整理するためのツールである。

たとえば、先のワイン業界のA社の例を四つのアクション・モデルに基づいて分析してみると、マス・マーケティングと格式を取り除き、パッケージの洗練度・高級感とヴィンテージを減らし、飲みやすさと選びやすさを増やし、楽しさと意外性をつけ加えたとしよう。これを整理すると、**図表3-15**のようになる。

そして、このアクション・マトリックスの内容を戦略キャンバスに反映すると、A社の新しい戦略キャンバスは**図表3-16**のようになり、

図表3-15◉**アクション・マトリックス**

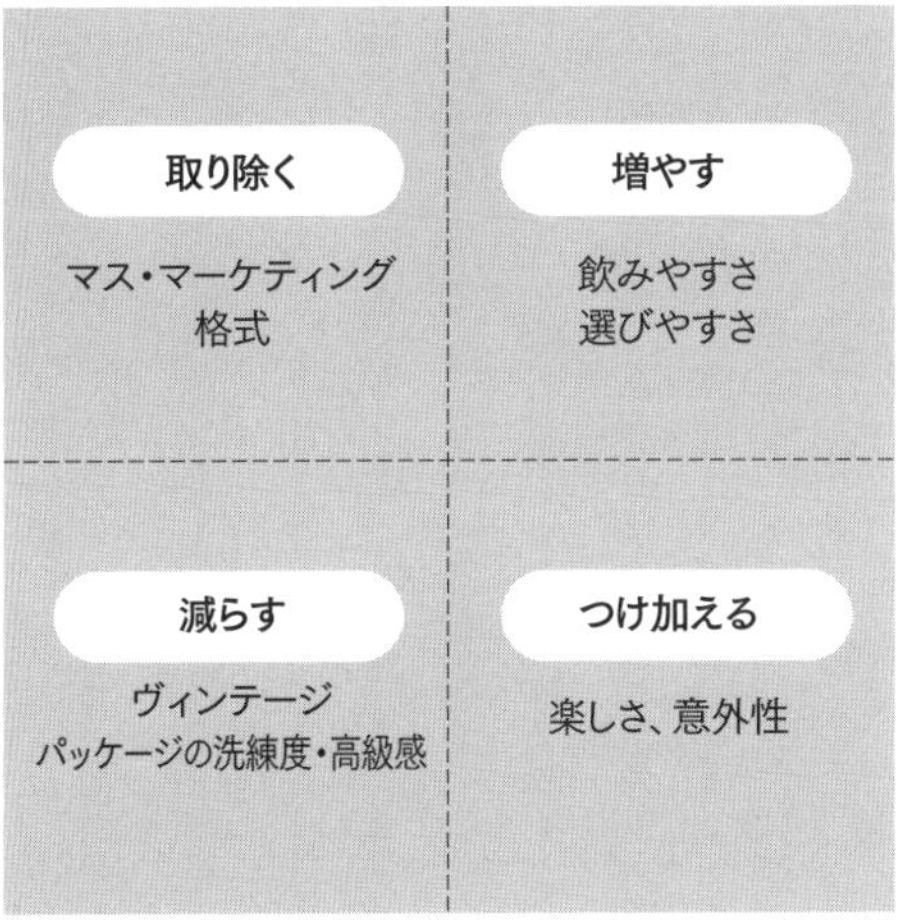

図表3-16◉**A社の戦略キャンバス**

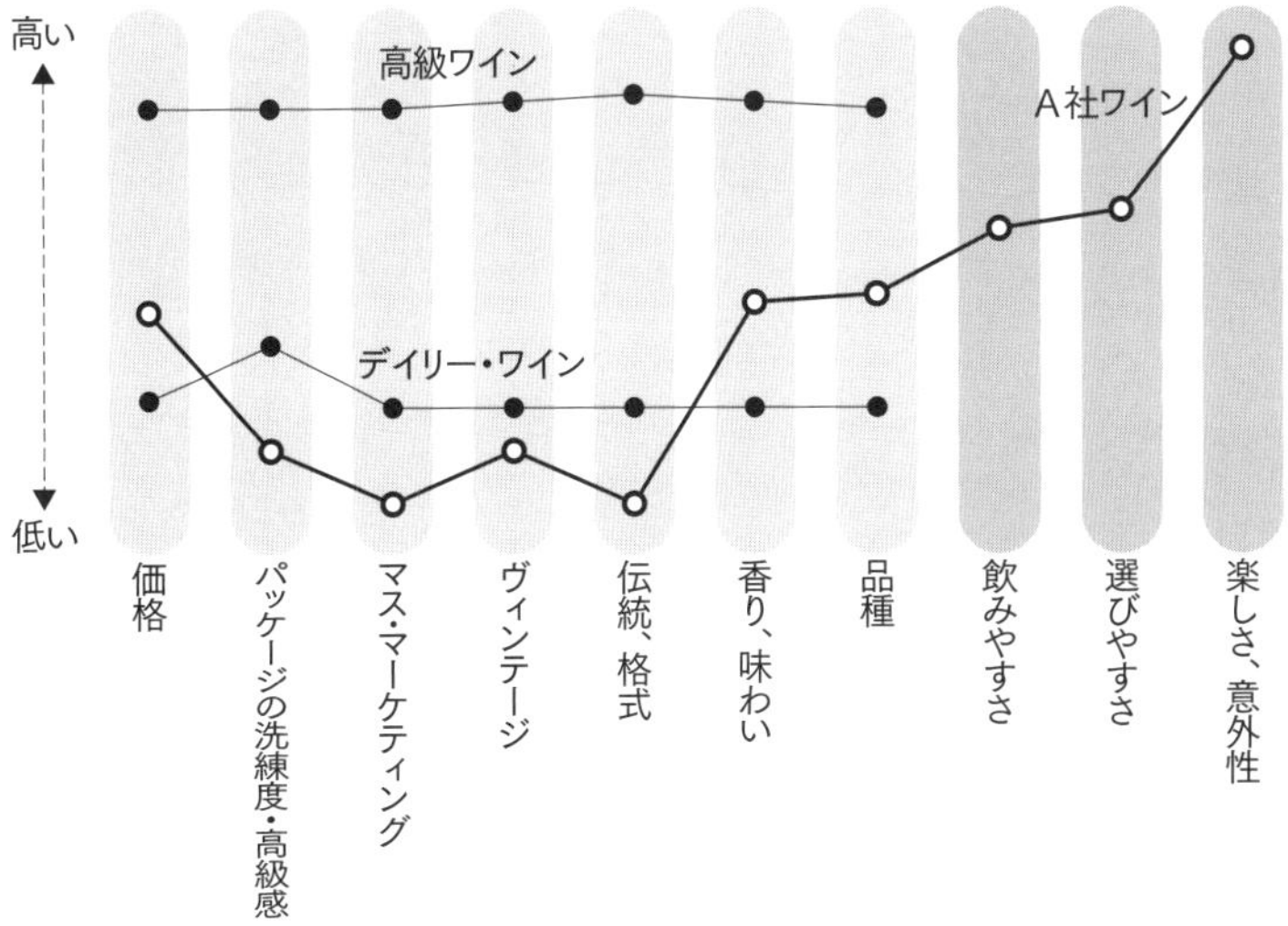

A社の価値曲線は他社とまったく異なるものとなる。こうして、A社は競争のない新しい市場空間の扉を開くことになる。つまり、レッド・オーシャンからブルー・オーシャンに移行する可能性が発生する。

一見、差別化戦略のようにも思えるが、ポーターの競争戦略論的な視点ではなく、あくまで「高付加価値を持つ新市場の創造」という点に主眼が置かれていることが、この戦略論の特徴である。簡単に言えば、あくまでも新たな競争のない市場を創造するということがその目的となっているわけである。そのため、様々なツールを活用し、市場を再定義することが、この戦略にとってきわめて重要なのだ。

3・3◉ブルー・オーシャン戦略の限界

さて、企業同士が熾烈な戦いを展開するレッド・オーシャンではなく、競争のないブルー・オーシャンを新たに創造するというのが、この戦略の本質である。ここでは、ポーターが否定していたコスト・リーダーシップ戦略と差別化戦略が両立する可能性がある。

しかし、結局、ブルー・オーシャンがレッド・オーシャンになるのは時間の問題である。ブルー・オーシャンを探し続けることも必要だが、やはり、レッド・オーシャンでいかにして戦い続けうるのかが重要であるように思える。

まさにこのことに、ポーターは気づいていた。ブルー・オーシャンを創造し続けるだけでなく、既存のレッド・オーシャンで戦い続ける競争戦略こそが基本であり、より重要だと考えたのである。

4 従来の経営戦略論の限界

現代経営戦略論の流れをたどれば、そこには単なる変化ではなく、経験的な反駁に基づく知識の進歩が見出せる。しかし、本書で依拠している多元的な世界観に基づけば、既存の経営戦略論はいずれも物理的世界を対象として展開される一元的な戦略論にすぎない。

資源ベース理論が扱う資源、リソース、コア・コンピタンスなどと呼ばれるもののなかには、知識、理論といった知性的世界の資源も含まれている。しかし、資源ベース理論は多元的世界観に基づいて展開されているのではない。それらは、あくまで物理的世界のものとして扱われているようだ。

この点は非常に重要である。たとえば、アメリカ企業は将来必ず役立つような優れた技術や知識を保有している社員を他の社員と同じ人的資産として扱い、不況となればいとも簡単に解雇してしまう。それが、物理的世界だけを前提とする一元的戦略論なのだ。

しかし、このような物理的な世界だけを対象とする一元的戦略論では、変化する世界のなかで生き残れない。物理的世界に変化がなく、心理的世界や知性的世界で大変化が起こった時、その変化に適応できず、企業は簡単に淘汰されてしまうことになるだろう。

【注】

1. Michael E. Porter, *Competitive Strategy,* Free Press, 1980.（邦訳『競争の戦略』ダイヤモンド社、一九八二年）、Michael E. Porter, *Competitive Advantage,* Free Press, 1985.（邦訳『競争優位の戦略』ダイヤモンド社、一九八五年）、Michael E. Porter, *On Competition,* Harvard Business School Press, 1998.（邦訳『競争戦略論』ダイヤモンド社、一九九九年）、谷口和弘『戦略の実学』（NTT出版、二〇〇六年）を参照。
2. S. Douma and H. Schreuder, *Economic Approaches to Organizations,* Prentice Hall International Ltd., 1991.（邦訳『組織の経済学入門』文眞堂、一九九四年）
3. Gary Hamel and C. K. Prahalad, *Competing for the Future*, Harvard Business School Press, 1994.（邦訳『コア・コンピタンス経営』日本経済新聞社、一九九五年）
4. D. J. Collis and C. A. Montgomery, *Corporate Strategy: A Resource-based Approach,* McGraw-Hill, 1998.(邦訳『資源ベースの経営戦略論』東洋経済新報社、二〇〇四年）
5. W. Chan Kim, and R. Mauborgn, *Blue Ocean Strategy,* Harvard Business School Press, 2005.（邦訳『ブルー・オーシャン戦略』ランダムハウス講談社、二〇〇五年）

第4章

心理的世界への間接アプローチ戦略

戦略の行動経済学

1 直接アプローチ戦略の限界
――心理的世界の存在

世のなかには、効率的でなくても市場を支配する製品がある。特別値段が安いわけではないし、特に個性的な特徴があるわけでもない。しかし、なぜか売れているのだ。そのような現象が起こるのは、人間の心理的バイアスのせいだと指摘したのが行動経済学である。

二〇〇二年にノーベル経済学賞を受賞したダニエル・カーネマン、行動心理学者エイモス・トヴェルスキー、シカゴ大学経営大学院教授のリチャード・H・セイラーらは、人間の経済行動は心理的世界によって大きく影響されることを明らかにした。より安くより優れた製品だからといってすぐさま飛びつくわけでなく、消費者が既存製品に留まる原因は、人間の心の世界にあるというのだ。

行動経済学者によれば、人間は一度保有したものを維持しようとする傾向があるという。[注1] 行動経済学者は、以下のような実験結果から、人間には物理的世界とは別に心理的世界が存在し、そこにバイアスが存在するから現状を維持しようとするのだと説明した。

実験1

ある人に、来週の週末に当選結果が判明する宝くじを二〇ドルで買ってもらう。同時に、宝くじの七桁番号を記憶してもらった。すると、購入者は四〇ドルでなければこの宝くじを他の人に売ろうとしなかった。

実験2

無作為に選んだ学生グループを対象に、半分にロゴ入りマグカップを無料で与え、残り半分にはこれを与えないという状況を設定する。次に、マグカップの取引市場を開き、マグカップを持つ学生たちには「いくらでマグカップを手放すか」を聞き、マグカップを持たない学生たちには「いくらでマグカップを購入するか」を聞く。その結果、希望売り値の平均は五・三ドルであったのに対して、希望買い値はマグカップの一般的価格に近い二・五ドルであった。

実験3

三つのグループに対して、次のような実験を行った。第一のグループにはマグカップが与えられた。マグカップを所有したままでもいいし、四〇〇グラムのチョコレート・バーと交換してもよい。第二のグループには、四〇〇グラムのチョコレート・バーが与えられ、それを持っていてもいいしマグカップと交換してもよい。第三のグループには、いずれか好きなほうを選ばせた。結果、第三グループでは、半数がマグカップ、残り半数がチョコレート・バーを選択した。ところが、第一のグループでは八九％の人々がマグカップを保有し続け、第二のグループでも九〇％の人々がチョコレート・バーを保有し続けた。

これらの実験結果から明らかなのは、人間には一度保有したものを手放したくないという心理が働くということである。これが、人間の心のバイアスの存在である。それは、今日、現状維持効果、保有効果、あるいは賦存効果と呼ばれている。

そのような効果の存在が事実ならば、市場では予想されるよりも少数の取引しか行われないか、あるいはよりよい製品が出現しても人々は容易にその製品に移行しない可能性があるといえる。つまり、直接アプローチ戦略による販売方法には限界があるということだ。

このように、もし心理的バイアスが存在しているとすれば、製造業では無料で試供品を顧客に提供したり、あるいは割安に製品を提供したりする戦略は効果を発揮するだろう。それは、直接的にはコストがかかるが、間接的には顧客を自社製品に留める効果を持つ。また、新聞の購読料やインターネット使用料を最初の一カ月間だけタダにしたりするのも同じ効果を持つだろう。

では、なぜこのような現象が起こるのだろうか。そして、なぜ心理的世界を対象とする間接アプローチ戦略が必要なのだろうか。

2 プロスペクト理論

2・1◉限定合理的な人間の心理的特性

レファレンス・ポイントの存在

人間は、物理的世界と関わっているだけではない。心のなかには心理的世界が広がっている。これを分析する行動経済学の研究成果によると、人間の心理的世界には「レファレンス・ポイント」（参照点）がある。それは、人間が物事を認識し、評価する時に参考にする主観的な心理的な点であり、一人ひとりで異なる。

たとえば、Aさんは銀行でいつも五分待つことに慣れているとしよう。Aさんは五分を基準にして、待ち時間の長短を認識し評価する。この場合、「五分」がAさんのレファレンス・ポイントである。したがって、三分なら「思ったよりも早かったので得した」と感じ、八分待たされると「思ったよりも遅かったので損した」となる。

レファレンス・ポイントの実在性はすぐに確認することができる。たとえば、A氏とB氏の直近一カ月の資産の増減で考えてみよう。

A氏　資産が四〇〇〇万円から三〇〇〇万円に減少した。
B氏　資産が一〇〇〇万円から一一〇〇万円に増加した。

はたして、どちらが幸せだろうか。伝統的な新古典派経済学では、最終的な富の絶対水準が効用の大きさを決定するので、その水準が一一〇〇万円のB氏より三〇〇〇万円残っているA氏のほうが幸せな状態にあると説明する。

ところが、実験の結果、多くの人々がB氏のほうが幸せだと答えた。なぜか。それは、初期状態をレファレンス・ポイントとして、A氏は一〇〇〇万円損をし、B氏は一〇〇万円得したと考えるからである。このように、多くの実験から、レファレンス・ポイントの存在が確認されている。

感応度逓減

レファレンス・ポイントを境に、自分の予想よりも高い水準の結果は「利益」と感じ、そう感じた利益が増えれば心理的価値や満足も増大する。他方、レファレンス・ポイントより低い水準の結果は「損失」と感じられ、そのように感じる損失が増えれば心理的価値が減少して不満足が増大する。

ここで、もし人間が完全に合理的な存在ならば、利益の増加と心理的価値（満足）の増加は正比例するだろう。しかし、実際の人間は完全合理的ではなく、心のなかにバイアスがあるため、利益の増加に対応して心理的価値（満足）の増加は正比例しない。実際には、標準的な経済学の効用理論のように、利益が増加すればするほど、それに対応して心理的価値（満足）は逓減する。つまり、心理的価値は徐々に減るのである。このような特性を「感応度逓減」という。

この法則は、多くの実験から検証されている。たとえば、給料が一〇万円から一三万円に上昇したのと、六〇万円から六三万円に上昇した場合では、同じ三万円の差でも前者のほうが「利益」を大きく感じる。ただし、この場合の「利益」は、あくまで主観的なレファレンス・ポイントを基準とする、相対的かつ心理的な利益であって、絶対的かつ客観的なものではないことに注意する必要がある。

損失回避

完全合理的な人間にとっては、一単位の相対的利益の増加から得られる心理的価値の大きさと、一単位の相対的損失によって発生する心理的価値の損失の大きさは対称的であり、その絶対値は等しい。

しかし、限定合理的な人間にとっては、一単位の利益の増加から得られる心理的価値（満足）の大きさよりも、一単位の損失によって失う心理的価値（不満足）のほうが大きい。つまり、人間は得る喜びよりも、失うショックのほうが大きいのである。

たとえば、たいていの人は一〇〇〇円を獲得する確率が五〇％で、一〇〇〇円を失う確率が五〇％というようなクジ引きを嫌がる。理論的には、一〇〇〇円を獲得する確率と失う確率は同じである。にもかかわらず、これを拒否するのは、同額の利益と損失では、後者を重視していることを意味する。

カーネマンとトヴェルスキーの計測では、同じ大きさの利益と損失、つまり一〇〇〇円の利益と一〇〇〇円の損失では、後者の絶対値は前者のそれの約二倍から二・五倍も大きかった。これが「損失回避」と呼ばれる限定合理的な人間の心理的特質である。

2-2◉価値関数

プロスペクト理論は、以上のような限定合理的な人間の心理的世界の特性をより具体的に説明するものである。それは価値関数vで表すことができる。**図表4-1**を見ていただきたい。中心点が、限定合理的な人間の主観的なレファレンス・ポイントである。この点よりも高い水準の結果が利益を表し、利益が大きければ心理的価値も高まる。一方、レファレンス・ポイントよりも低い結果は損失であり、損失が大きければ心理的価値も低くなる。

レファレンス・ポイントを境に、相対的利益が増加すればするほど、心理的価値（満足）は逓減する。これが「感応度逓減」である。価値関数は、利益が増加して得られる心理的価値（満足）より、損失によって失う心理的価値（不満足）のほうが大きいという限定合理的な人間の「損失回避」も表している。価値関数は、限定合理的な人間の心のバイアスを描き出しているのだ。

図表4-1◉**価値関数**

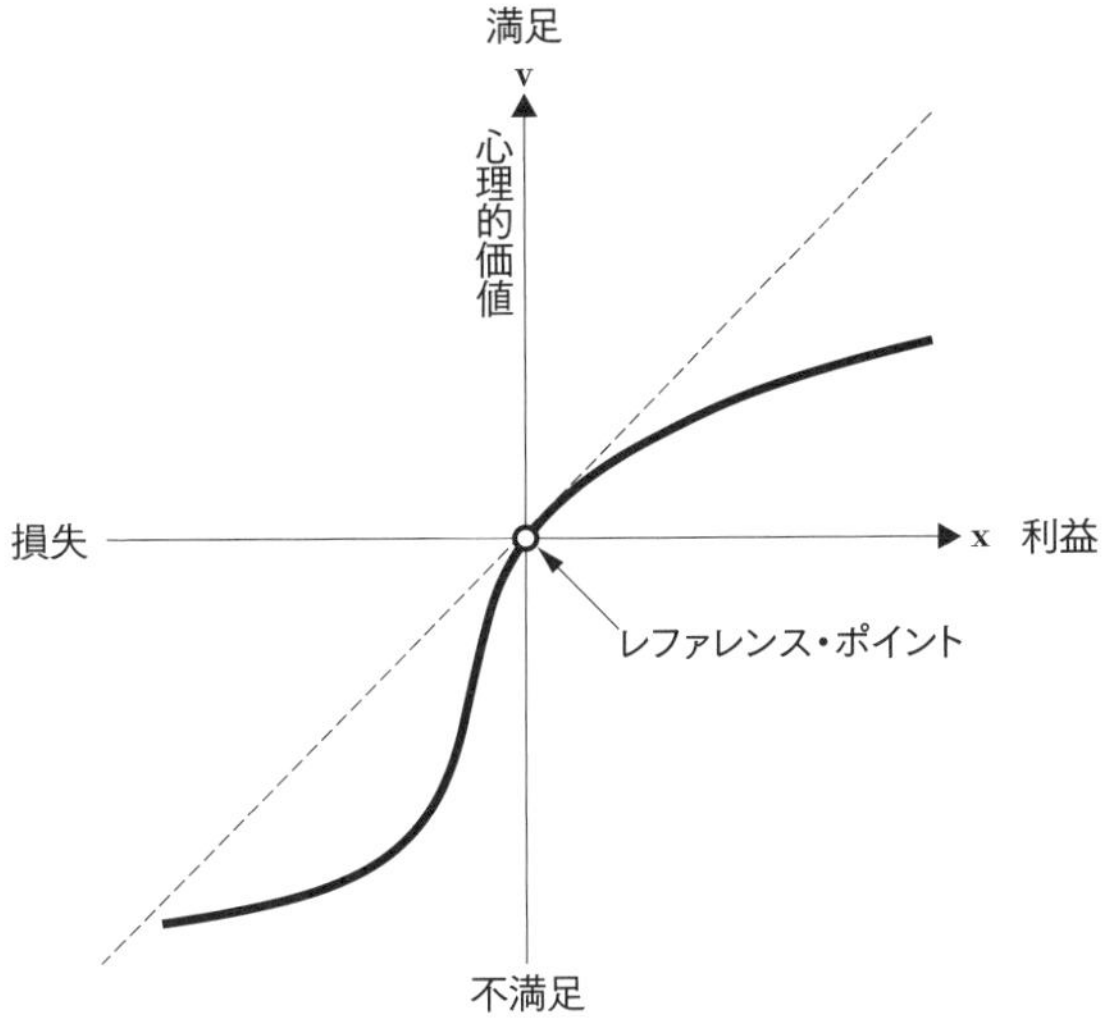

2-3◉現状維持効果

この限定合理的な人間の心理的バイアスを描き出すS字の価値関数vを用いると、イノベーションに基づく効率的な新製品が出現しても、なぜ人々がそれに移行しないで現状の製品に留まろうとするのかを説明できる。

プロスペクト理論の価値関数vによれば、このような現状維持行動は非合理的な行動ではない。**図表4-2**のように、人間が心理的にプラスの状態にあるならば、現状からあえて変化して、より多くの利益を獲得してもそれほど心理的価値は高まらない。これに対して、現状がプラスの状態であるにもかかわらず、万が一変化して少しでも利益を失うと、心理的価値は急速に下がる。この場合、人間は現状に留まるほう

図表4-2◉**価値関数と現状維持行動**

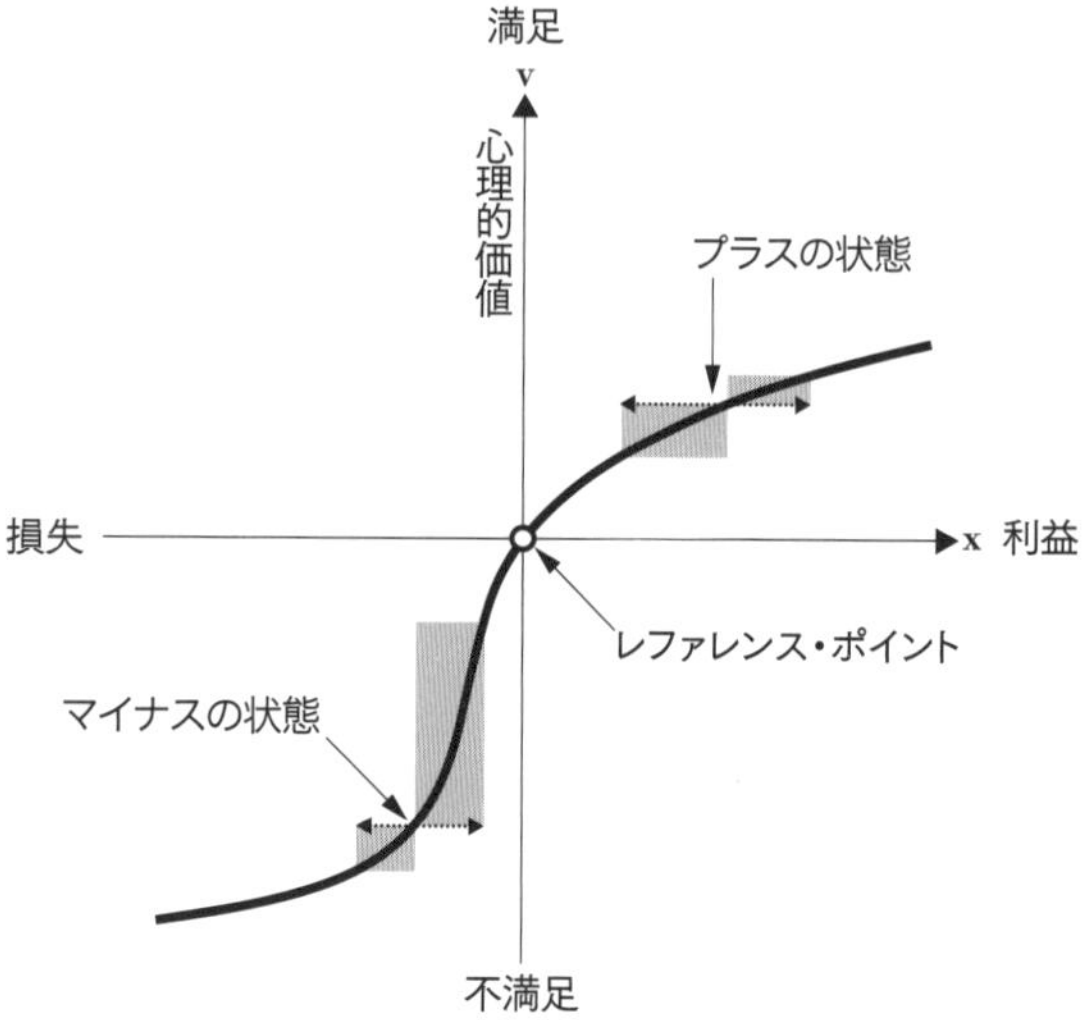

が合理的であると考えるのだ。つまり、リスク回避的となるわけである。

一方、現状がマイナス状態にあるならば、変化してさらにマイナス状態に落ち込んでも、それほど人間の心理的価値は減少しない。これに対して、現状がマイナス状態であり、変化することで少しでも利益を得るならば、人間の心理的価値は急速に高まる。この場合、たとえリスクが高くても、人間は心理的にできるだけ現状から変化しようとする。つまり、リスク愛好的となるわけだ。

今日、ゲーム業界では任天堂の小型ゲーム機〈ニンテンドーDS〉が人気を誇っている。〈ニンテンドーDS〉は高度技術に基づく商品ではないが、たとえソニー（子会社ソニー・コンピュータエンタテインメント：SCE）がゲーム機〈PSP〉を改良して新発売したとしても、

〈ニンテンドーDS〉にある程度満足しているユーザーがすぐさま〈PSP〉に移行する可能性は低い。これは、一見、非合理的な人間行動に見えるが、経済心理学的には「現状維持」というきわめて合理的な行動となる。それゆえ、たとえ性能のよい製品が上市されても、このような心理状態にあるユーザーを引き寄せられない可能性がある。この場合、ユーザーに対して、現状に留まっていることが実はマイナスの状態であることを強く意識させなければならない。そのために、間接アプローチ戦略が必要となるわけである。

同様に、デパートや量販店の売り場では、実は何を買いたいかがわかっていない人々が意外に多くいるものだ。したがって、店員はこのような客に新商品を紹介する場合、既存商品を保有し続けること（現状維持）がマイナスの状態、つまり損をしていることを強く印象づけるように説明するとよい。そうすれば、人々は現状に留まるよりも買い替え（変化）によって心理的価値（満足）が急速に高まるような心境に置かれることになる。

この意味で、試食というのは興味深い戦略的試みである。試食は、物理的世界の観点からすれば、費用がかさみ明らかに損失である。しかし、心理的世界の観点からすれば、試食によって顧客が美味しいと感じれば、これまで購入していた商品に満足していた自分が、実はマイナスの状態にあったことを認識する可能性が高い。このような心理状態になれば、顧客は変化しようとする。つまり、商品を購入しようと考え始めるわけである。

3 心理的世界での間接アプローチ戦略

3・1◉テレビCMを使ったペプシの間接アプローチ戦略

以上のような心理的世界を対象とする間接アプローチ戦略の成功例として、一九七〇年代に展開されたペプシの戦略[注2]は注目に値する。当時、アメリカ・ダラスではペプシのシェアはわずか四%だった。一九七五年、ペプシは巻き返しを狙って、「ペプシ・チャレンジ」というテレビCMをダラスで放映した。このCMは話題を呼び、瞬く間に全米に広がった。

CMの内容はこうだ。一般人数十名がブランド名を伏せた二種類のコーラを試飲して、味を判定する。一般人のほとんどはコカ・コーラの愛飲者で、自分たちは〈コーク〉を選択したと思っている。しかし、ラベルを見ると、ほぼ全員が〈ペプシ〉を選択して驚く。

当時のアメリカでは、比較広告は卑劣な方法と受け止められ、タブー視されていた。そうしたなかでペプシが比較広告を打ったため、賛否両論の議論が巻き起こった。しかし、論争とは無関係に、ダラスにおける〈ペプシ〉のシェアは一四％に急上昇した。

このペプシのCM戦略は、今日、様々に解釈されているが、行動経済学的には人間の心理的世界を対象とした間接アプローチ戦略だったと解釈できる。従来、コーラを購入する時、多くの人が習慣的に〈コーク〉を購入していた。コカ・コーラはブランド・イメージや伝統、よきアメリカを体現する雰囲気によって、消費者に〈コーク〉を買わせていたのだ。また、消費者もそれにある程度満足していた。このような消費者の心理状態を価値関数vで表せば、**図表4-3**のようにプラスの状態にあったといえるだろう。

この場合、たとえ〈ペプシ〉が味を改良しても、〈コーク〉に満足している消費者は〈ペプシ〉に乗り換えない。なぜなら、〈ペプシ〉に乗り換えてそれが美味しかったとしても、それによって消費者の心理的価値はそれほど向上しないからである。一方、乗り換えて失敗すれば、消費者の心理的価値は大きく低下する。この場合、消費者には現状を維持しようとするリスク回避的な心理が働くことになる（**図表4-4**参照）。

しかし、掟破りのCMによって、消費者は実は自分たちがマイナスの状態にあるのではないかと疑い始めた。このような心理状態では、〈コーク〉から〈ペプシ〉に移行して美味しければ消費者の心理的価値は大きく飛躍することになり、たとえ失敗しても心理的にはそれほど落ち込むことはない。この場合、消費者には〈ペプシ〉に移行しようという心理が働くわけである。

図表4-3◉〈コーク〉に対して満足の状態

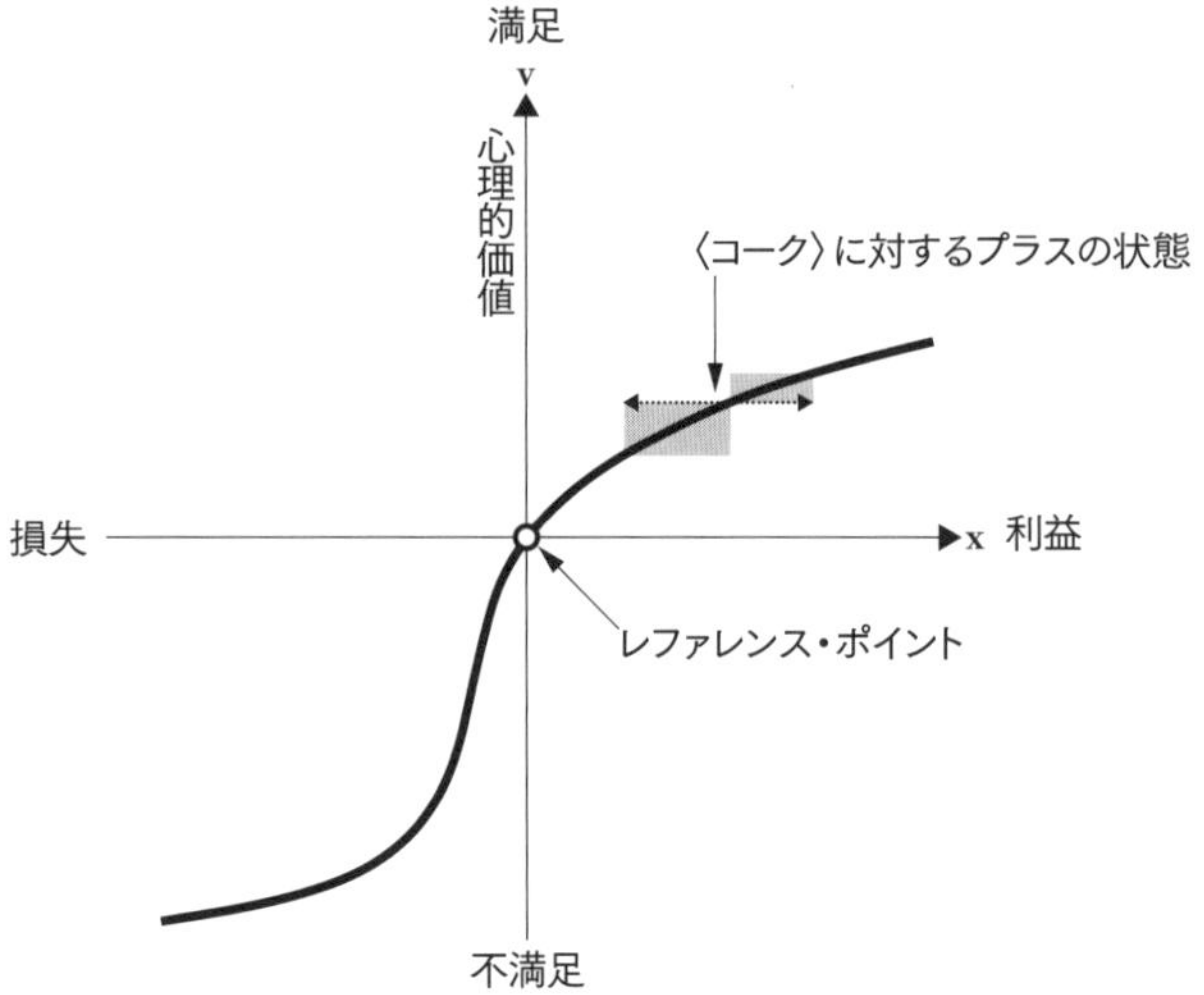

図表4-4◉〈コーク〉に対して不満足の状態

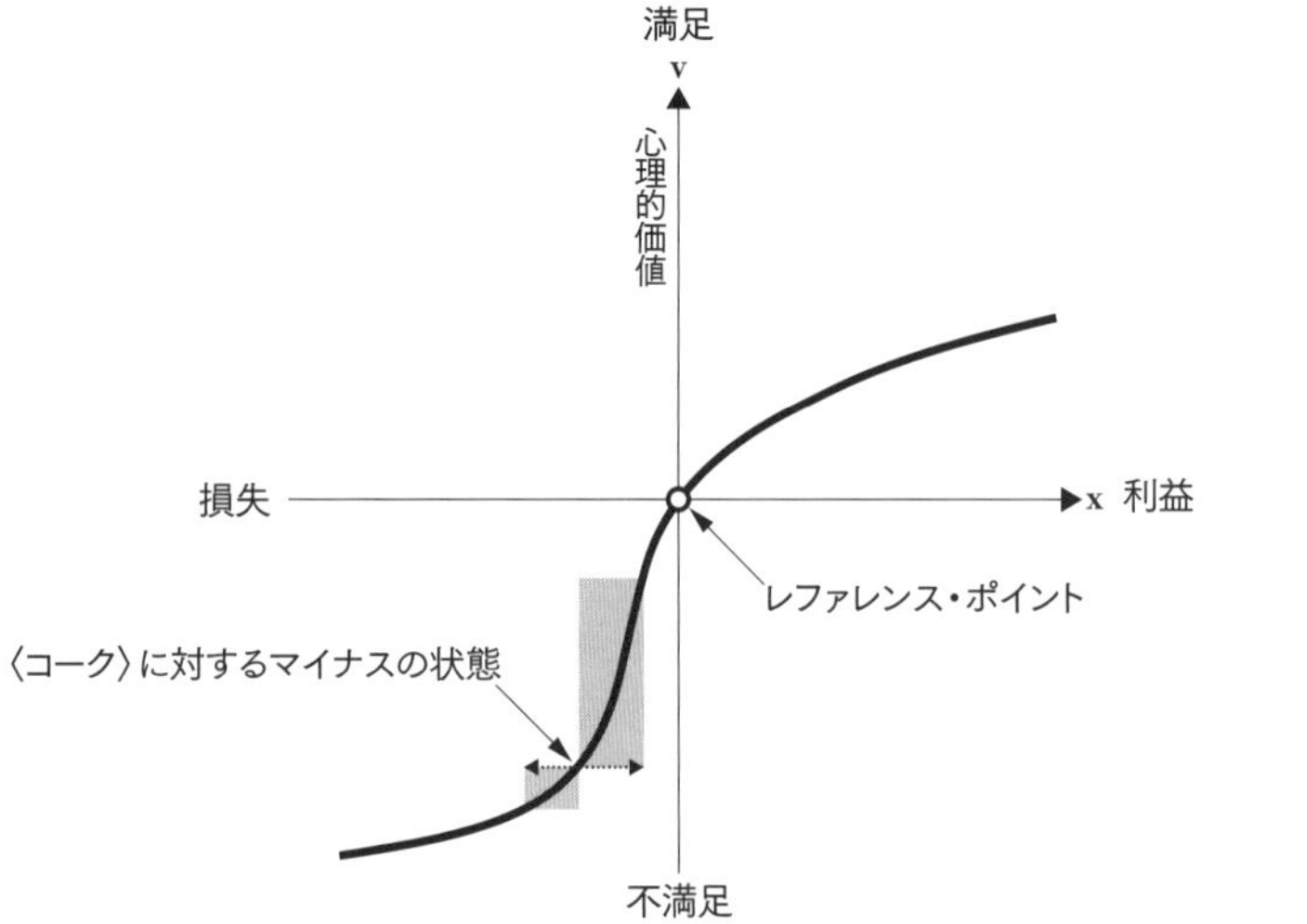

3-2◉モデル・チェンジによる間接アプローチ戦略

同様の例は、アメリカの自動車会社が初めて採用し、その後、日本の自動車会社が多用したモデル・チェンジ戦略にも見られる。日本では、新車の車検は三年後で、以後二年ごとにあり、一〇年後には一年ごとになる。それゆえ、新車を購入した顧客は一〇年間は乗り続けようとするだろう。このことは、顧客は購入した車にある程度満足しているということだ。

このような心理状態では、新車に買い換えて、たとえメリットを感じても、顧客の心理的価値は大きく上昇しない。一方、買い替えによってメリットが感じられなければ、心理的価値は大きく減少することになる。したがって、セールスマンが新車への買い替えを成約させることは非常に難しい（図表4-5参照）。

しかし、モデル・チェンジによって既存モデルを意図的に陳腐化させると事態は変化する。図表4-6のように、顧客が保有する車を陳腐化させることによって、顧客にマイナスの心理状態を作り出すのだ。このような心理状態で、新車に買い替えてメリットが高ければ、顧客の心理的価値は大幅に上昇する。他方、買い替えによるメリットが少なくても、心理的価値はそれほど低下しない。したがって、顧客は買い替えに積極的になり、リスク愛好的な心理状態になる。これが、心理的世界を操作することによって新車を買わせる間接アプローチ戦略である。

図表4-5◉**現状維持に満足するため新車を購入しない状態**

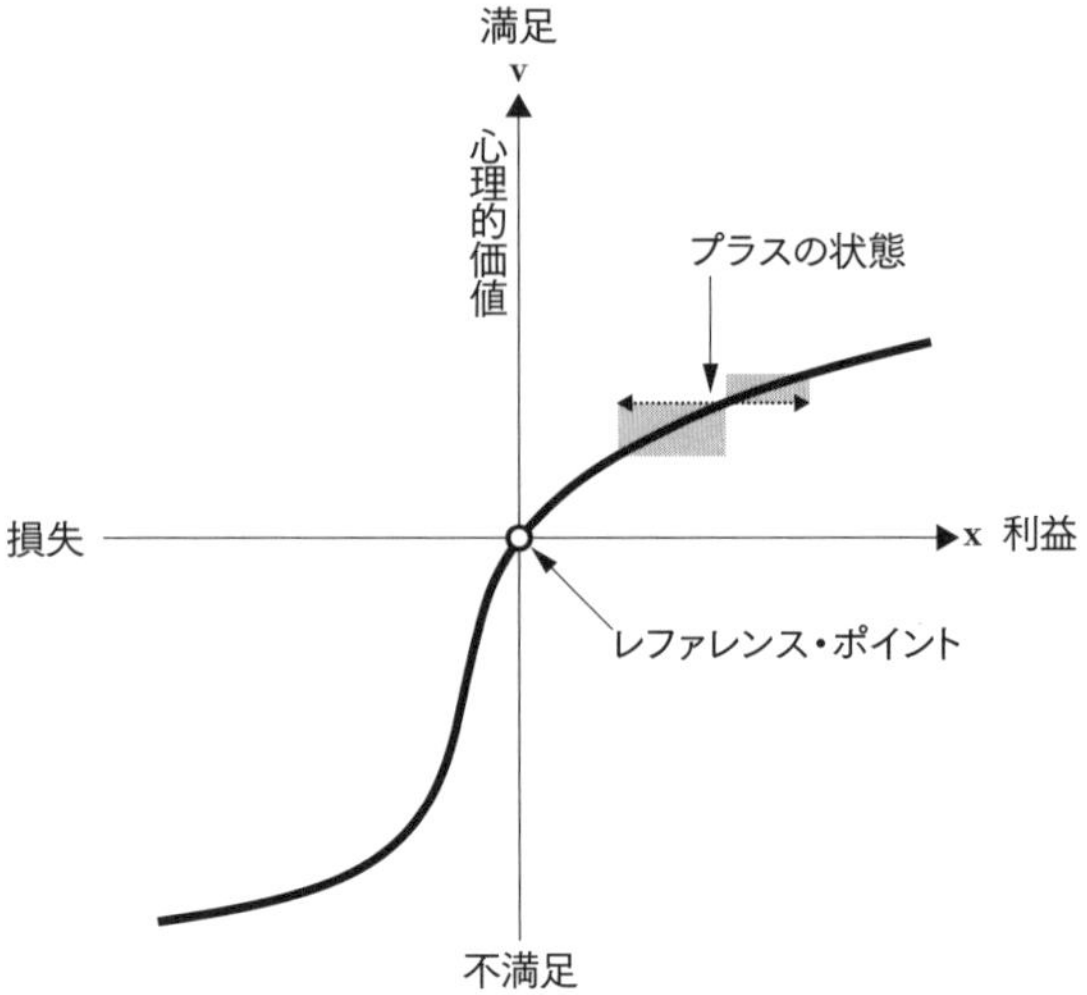

図表4-6◉**現状維持に不満で新車を購入する状態**

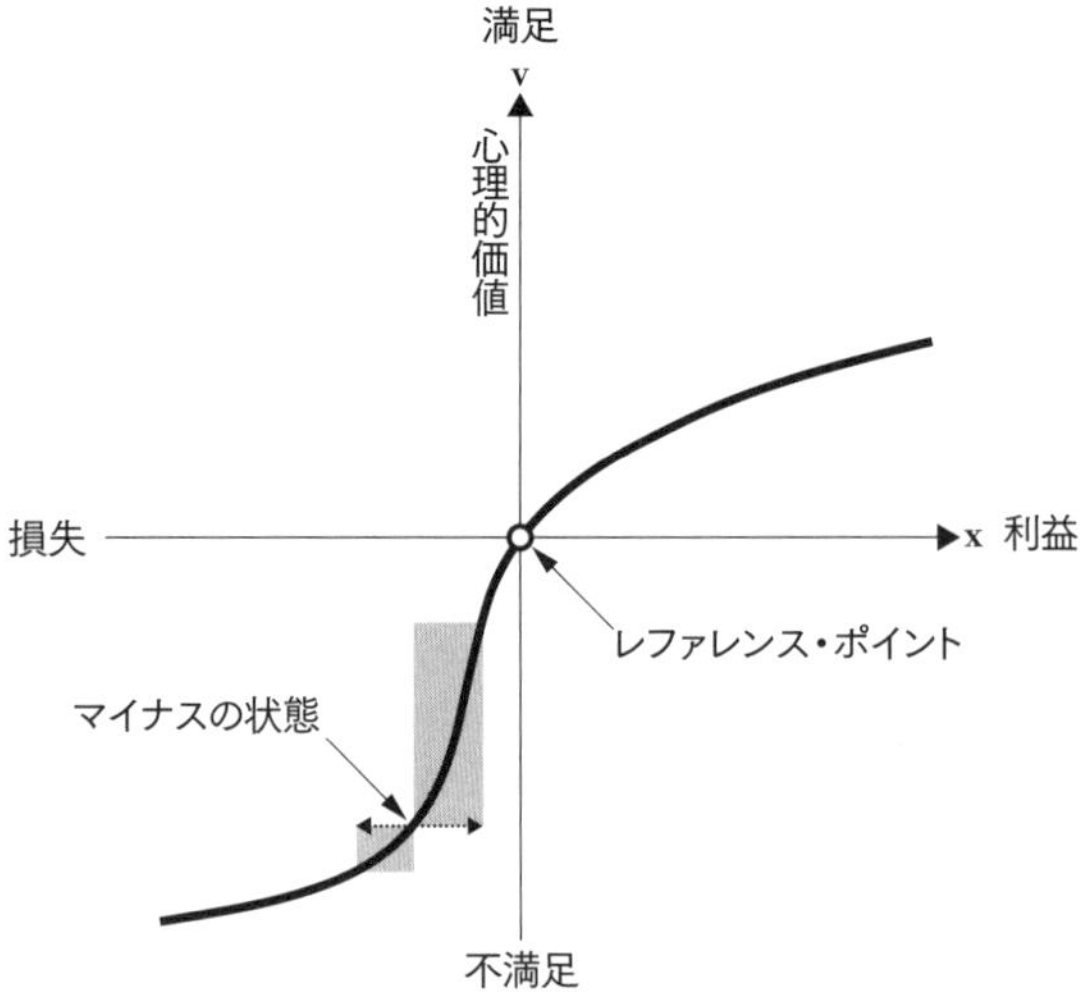

4 心理会計効果

人間の心理状態を表す価値関数を応用すれば、さらに興味深い心理的世界を対象とする間接アプローチ戦略が展開されうる。たとえば、貯金の一部を取り崩したほうが合理的であるにもかかわらず、我々は非合理的にも子どもの教育費として〇・一％の金利で貯蓄し続け、金利三％の自動車ローンを組んでしまう。このような人間行動の心理的合理性を説明するのが、セイラーによって展開された心理会計[注3]の考え方である。

二つの買い物をする消費者について考えてみよう。第一の買い物から得られる予想外の利益をx_1、第二の買い物から得られる予想外の利益をx_2とする。会計上、これら二つの利益x_1とx_2を二つに分離した勘定で処理しようと、一つに統合した勘定で処理しようと、その値は**図表4-7**のように同じである。

しかし、実際にはx_1とx_2は人間の心のなかの価値関数$v(x)$を通して、主観的な心理的価値$v(x_1)$と$v(x_2)$に再評価され、心理勘定の下に処理されることになる。この時、**図表4-8**のように、$v(x_1)$と$v(x_2)$を統合して処理する（統合勘定）ほうが心理的価値が高い場合と、分離して処理する（分離勘定）ほうが心理的価値が高い場合がある。

図表4-7◉**通常の会計計算**

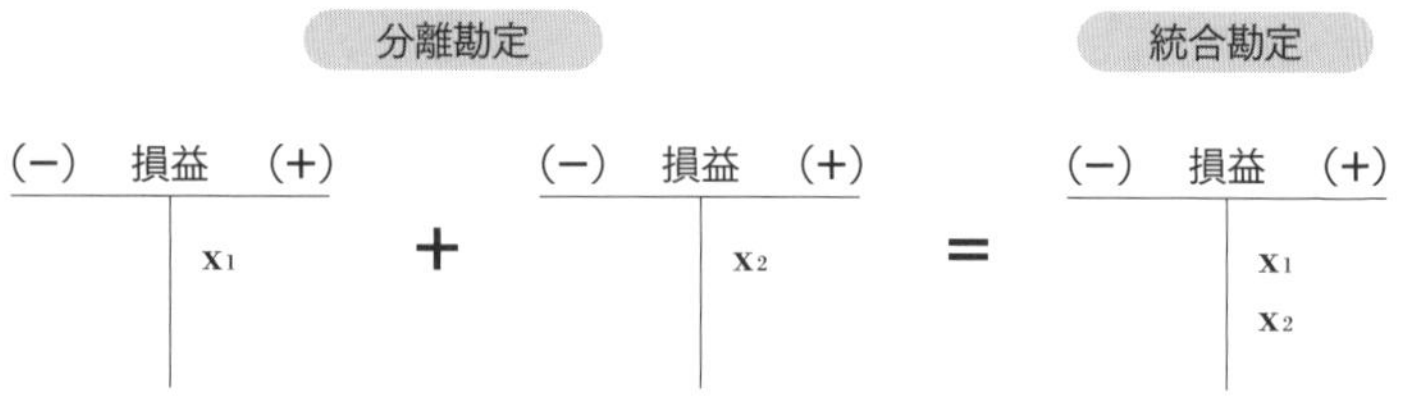

図表4-8◉**心理会計**

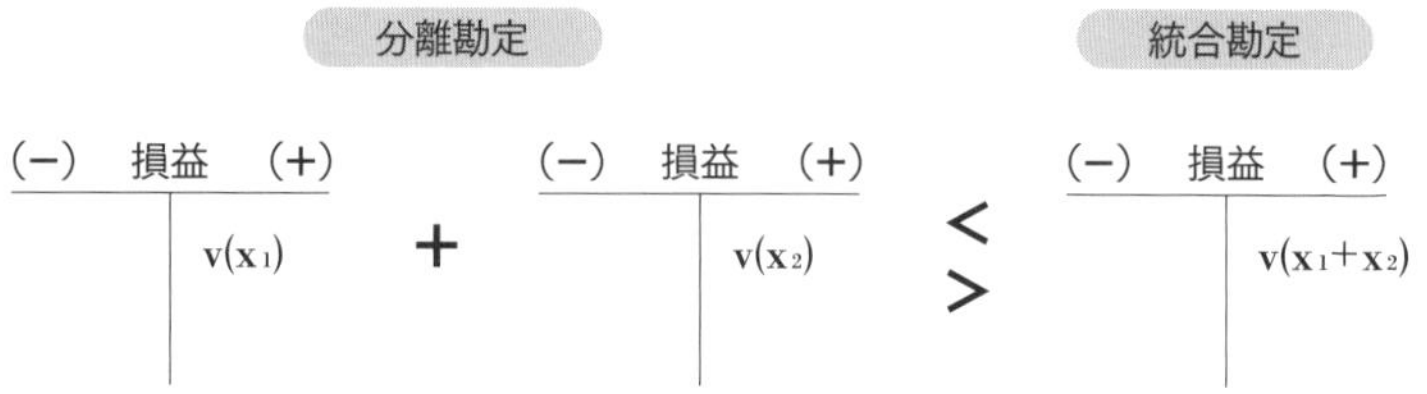

4-1◉消費者の心理会計モデル1

第一の買い物では予想外の利益（$x_1>0$）を得ることができ、第二の買い物でも予想外の利益（$x_2>0$）を得た消費者の心理状態について考えてみよう。

予想外の利益（x_1）から得られるプラスの心理的価値v（x_1）は、**図表4-9**の点線の矢印の高さで表される。また、予想外の利益（x_2）から得られるプラスの心理的価値v（x_2）は、細い実線の矢印の高さで表される。それゆえ、予想外の利益（x_1）と予想外の利益（x_2）を分離した状態で得られるプラスの心理的価値の合計v（x_1）＋v（x_2）は、点線の矢印と細い実線の矢印を加えた高さとなる。

これに対して、二つの予想外の利益の合計（x_1+x_2）から得られるプラスの心理的価値$v(x_1+x_2)$は太い実線の矢印の高さで表され、太い実線は点線と細い実線を加えた高さよりも低いので、$v(x_1+x_2)<v(x_1)+v(x_2)$となる。つまり、この場合、人間は統合勘定で処理するよりも分離勘定で処理したほうがより心理的価値が高くなることがわかる。

このことは、同じ店でお気に入りの洋服を二着同時に購入するよりも、他の条件を一定とすれば、異なる店で、お気に入りの洋服を別々に二着購入するほうが、より心理的価値が高くなる可能性があるということだ。また、子どもにクリスマス・プレゼントを渡す場合、一つのプレゼントを渡すよりも同じ額で二つのプレゼントを渡したほうが子どもの心理的価値が高くなることを意味している。

4-2◉消費者の心理会計モデル2

次に、第一の買い物ではわずかだが予想外の損失（$x_1<0$）を経験し、第二の買い物では予想外に大きな利益（$x_2>0$）を得る消費者の心理について考えてみよう。つまり、（$x_1+x_2>0$）が成り立つ状況にあるとしよう。

この場合、予想外の損失（x_1）から得るマイナスの心理的価値$v(x_1)$は**図表4-10**の点線の矢印の高さで表される。これに対して、予想外の利益（x_2）から得るプラスの心理的価値$v(x_2)$は、細い実線の矢印の高さで表される。それゆえ、予想外の損失（x_1）と予想外の利益（x_2）を分離した状態で得

図表4-9◉**価値関数と心理会計～モデル1**

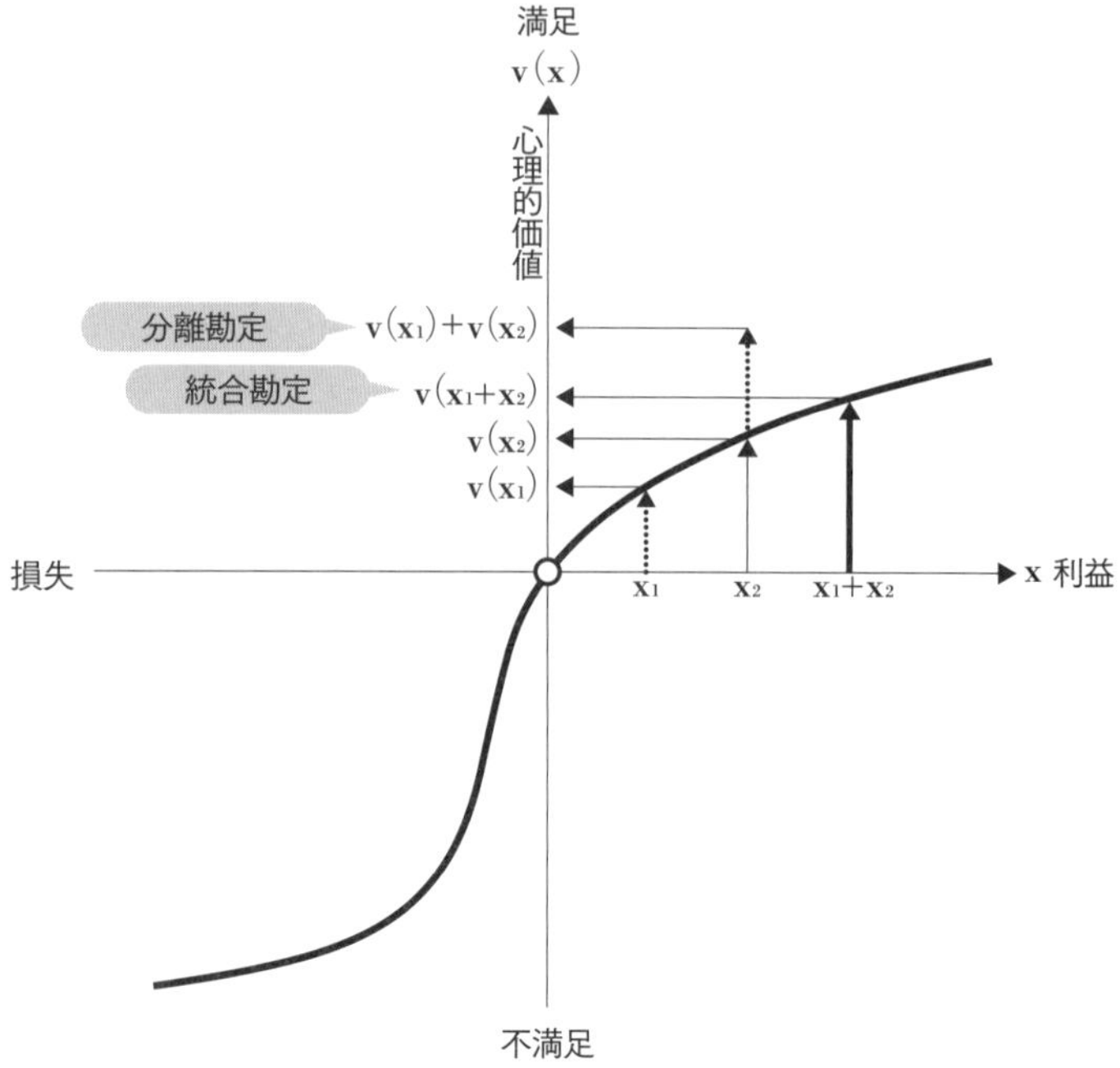

る消費者のプラスの心理的価値の合計v（x_1）＋v（x_2）は、細い実線の矢印から細い点線の矢印の高さを差し引いた高さとなる。

これに対して、予想外の損失と予想外の利益の合計（x_1＋x_2）から得る消費者のプラスの心理的価値v（x_1＋x_2）は、太い実線の矢印の高さで表される。太い実線は細い実線から点線を引いた高さより高いので、v（x_1＋x_2）＞v（x_1）＋v（x_2）となる。つまり、この場合、消費者にとって二つの予想外の損益を分離勘定で処理するよりも、統合勘定で処理するほうが心理的価値は高くなるということである。

図表4-10◉価値関数と心理会計～モデル2

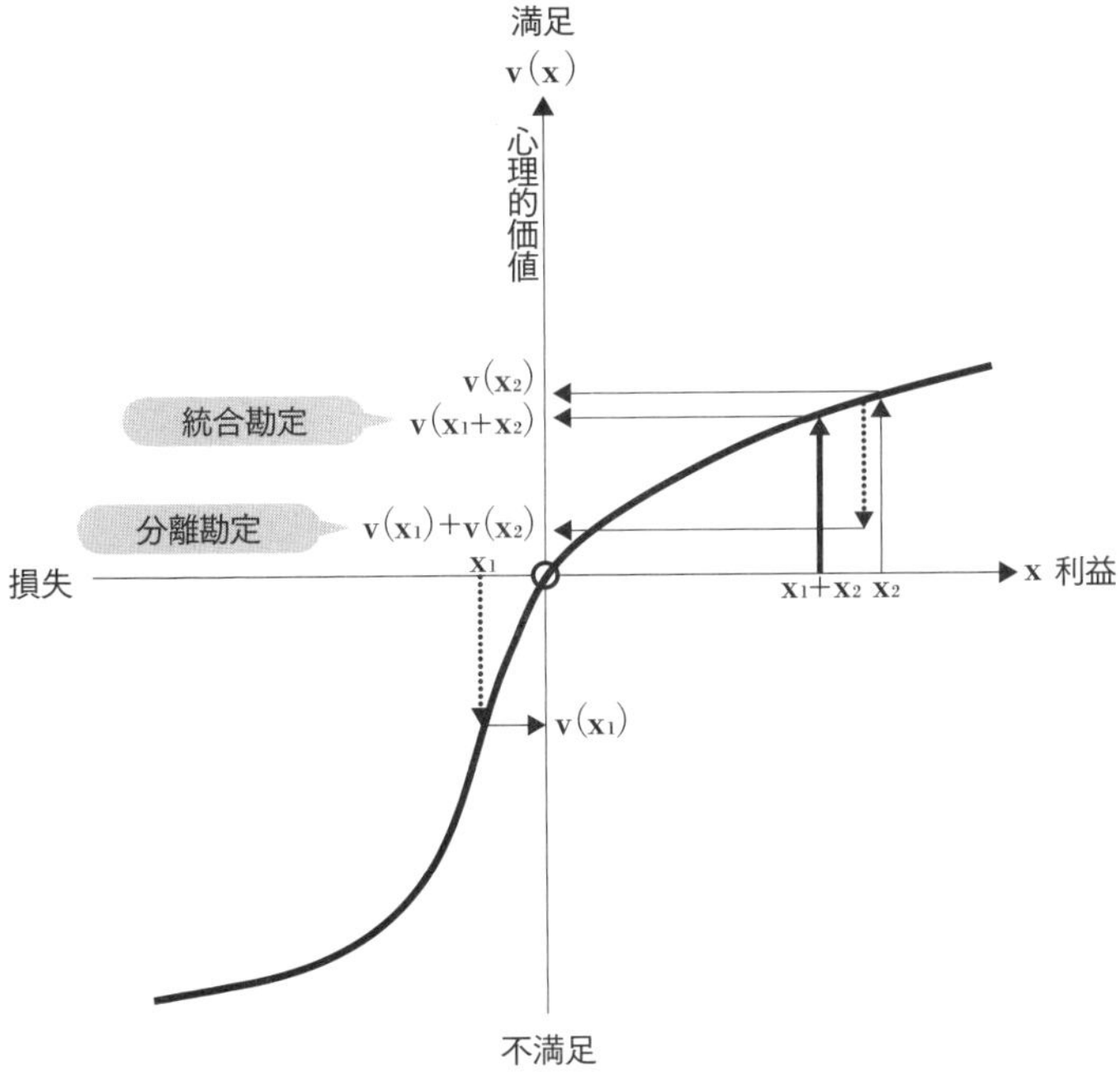

たとえば、あるサラリーマンが五〇万円のボーナスで二五万円分のドルと二五万円分のユーロを買ったとしよう。するとユーロは大幅に値上がりして三〇万円になり、ドルはわずかに値下がりして二四万円になった。この場合、このまま分離勘定の下にドルとユーロを保有するよりも、統合勘定の下に円に換金して五四万円として保有したほうが心理的価値は高くなることを意味している。

4-3◉消費者の心理会計モデル3

第一の買い物では予想外の大損

図表4-11◉**価値関数と心理会計〜モデル3**

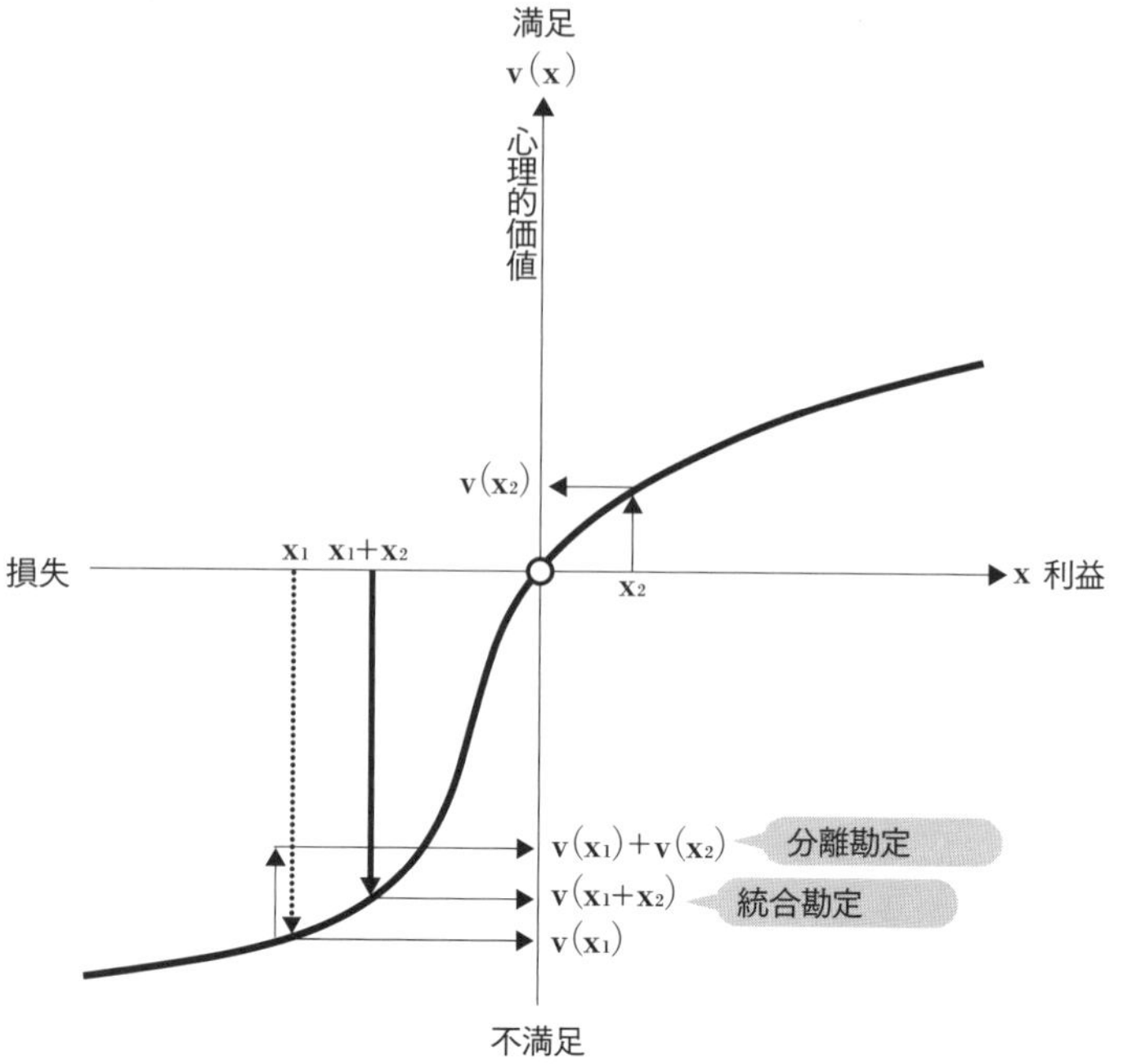

失（$x_1<0$）を経験し、第二の買い物ではわずかだが予想外の利益（$x_2>0$）を得る消費者について考えてみよう。その心理会計モデルでは、（$x_1+x_2<0$）になる。

この場合、予想外の大損失（x_1）が生み出すマイナスの心理的価値v（x_1）は、**図表4-11**の点線の矢印の高さで表される。これに対して、予想外の小さな利益（x_2）から得られるプラスの心理的価値v（x_2）は、細い実線の矢印の高さで表される。したがって、予想外の大損失（x_1）と予想外の利益（x_2）を分離した状態で得られる心理的価値の合計v（x_1）＋v（x_2）は、点線の矢印から細い実線の矢印の高さを差し引いた高さとなる。

これに対して、二つの予想外の結果の合計（x_1+x_2）から得られる心理的価値v（x_1+x_2）は太い実線の矢印の高さで表される。太い実線は点線から細い実線を引いた高さよりも高いので、マイナスが大きい。それゆえ、v（x_1+x_2）$<v$（x_1）$+v$（x_2）となる。つまり、二つの結果を統合勘定で処理するよりも分離勘定で処理したほうが、心理的にはより損失が少なく感じられるのだ。

このことは、バーゲンセールで、消費者に対して初めから値引きした価格（統合勘定）で商品を展示して販売するよりも、値札の元値に線を引いた上に値引きした安い価格を表示（分離勘定）したほうが消費者心理に対して効果的であることを意味する。

4-4◉消費者の心理会計モデル4

最後に、第一の買い物では予想外の損失（$x_1<0$）を経験し、第二の買い物でも予想外の損失（$x_2<0$）を経験する消費者の心理について考えてみよう。この場合、予想外の損失（x_1）から得られるマイナスの心理的価値v（x_1）は**図表4-12**の点線の矢印の高さで表される。また、予想外の損失（x_2）から得られるマイナスの心理的価値v（x_2）は、細い実線の矢印の高さで表される。したがって、予想外の損失（x_1）と予想外の損失（x_2）を分離した状態で得られるマイナスの心理的価値の合計v（x_1）$+v$（x_2）は、点線の矢印と細い実線の矢印の高さを加えた高さとなる。

図表4-12◉**価値関数と心理会計〜モデル4**

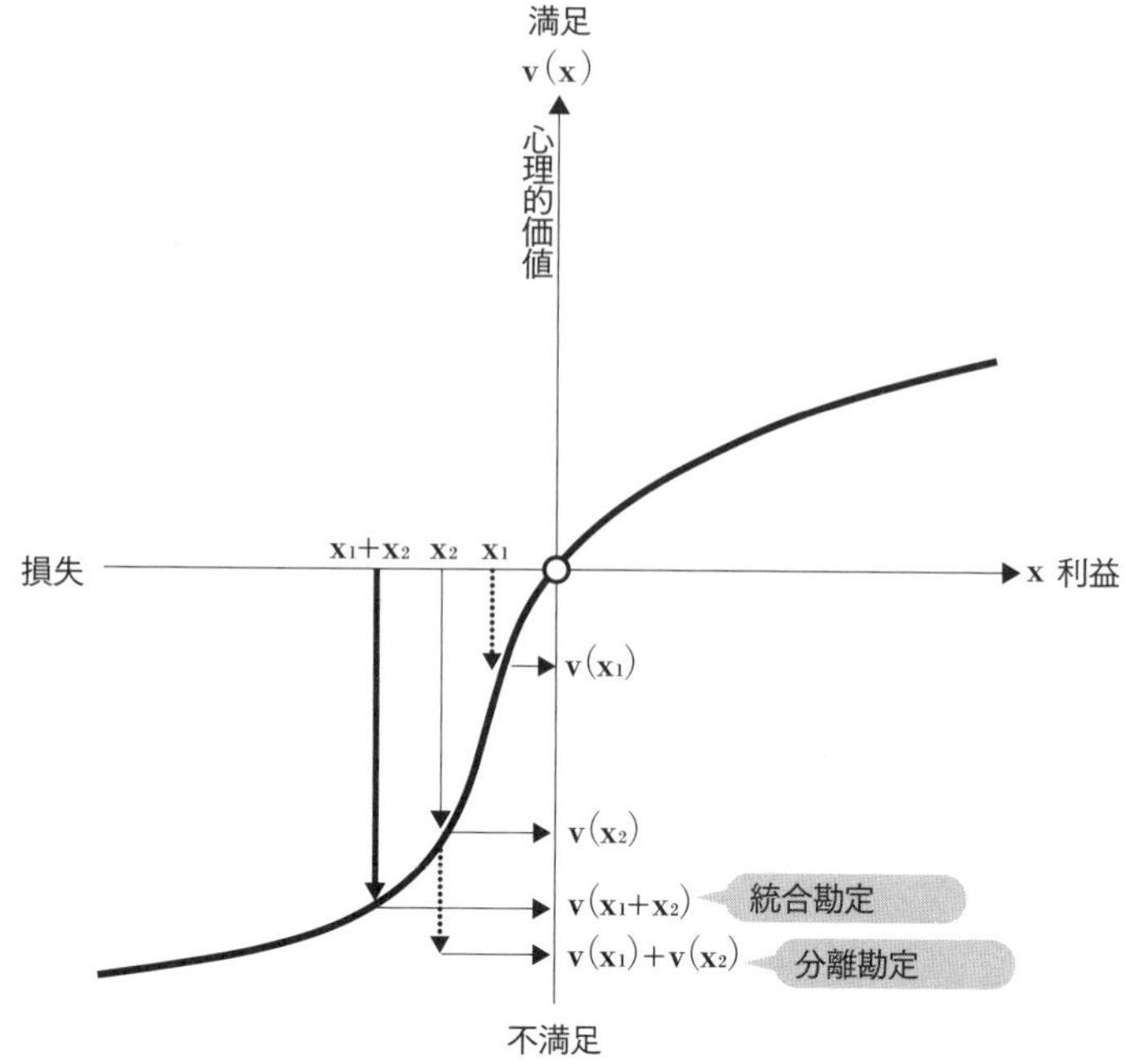

これに対して、二つの予想外の成果の合計（x_1＋x_2）から得られるマイナスの心理的価値v（x_1＋x_2）は、太い実線の矢印の高さで表される。太い実線は、細い実線と点線を加えた高さよりも低いのでマイナスが少ない。それゆえ、v（x_1＋x_2）＞v（x_1）＋v（x_2）となる。この場合、消費者は、分離勘定よりも統合勘定で処理したほうが損失を少なく感じる。

　これを回線電話と契約電話の例で説明するとこうなる。ADSLから光通信回線に切り替える契約をする消費者がいたとしよう。この場合、光通信回線への切り替えコストと携帯電話の変更コストを

図表4-13◉**心理的価値が高い勘定方法**

モデル1	利益と利益	分離勘定
モデル2	大きな利益と小さな損失	統合勘定
モデル3	小さな利益と大きな損失	分離勘定
モデル4	損失と損失	統合勘定

分離するよりも、両者を同時契約して統合勘定で処理したほうが消費者の心理的損失は少なくなるので、電話会社にとっては携帯電話の同時契約を勧誘するチャンスとなる。

よって、次のような帰結が導かれる（図表4-13参照）。

❶予想外の利益（$x_1>0$）と予想外の利益（$x_2>0$）が発生した場合、統合勘定で処理するよりも分離勘定で処理したほうが心理的価値は高い。

❷予想外の小さな損失（$x_1<0$）と予想外の大きな利益（$x_2>0$）が発生した場合（$x_1+x_2>0$）、分離勘定よりも統合勘定で処理したほうが心理的価値は高い。

❸予想外の大きな損失（$x_1<0$）と予想外の小さな利益（$x_2>0$）が発生した場合（$x_1+x_2<0$）、統合勘定よりも分離勘定で処理したほうが心理的価値は高い。

❹予想外の損失（$x_1<0$）と予想外の損失（$x_2<0$）が発生した場合、分離勘定よりも統合勘定で処理したほうが心理的価値は高い。

5 心理会計モデルに基づく販売戦略

以上のような消費者の心理会計モデルの理論的帰結から、消費者の心理的世界に対して、以下のような間接アプローチ戦略[注4]を展開することが効果的となる。

5-1◉テレホン・ショッピングの心理会計効果

心理会計モデル1によると、人間は二つの予想外の利益（$x_1 > 0$）と（$x_2 > 0$）が出た場合には、統合勘定よりも分離勘定で処理したほうが心理的価値は高くなる。この理論的帰結を利用して、次のような販売戦略を展開できる。

企業が、目玉となる性能が複数あるような製品や商品を販売する時、買い手がそれら複数の特質を個別に評価することで、商品に対する心理的価値が高まることになる。たとえば、深夜のテレビ番組で放映されているテレホン・ショッピングは、「利益の分離勘定」の下に、この戦略を次の二つのレベルで応用している。

❶一つの商品には多くの用途があり、用途のメリットが個々に説明される。その商品が持つメリットが一つひとつ説明されるため、視聴者は分離勘定の下に、より高い心理的価値が得られる。こうして、消費者はその商品を買いたいという心理状態に導かれる。

❷「いますぐお電話いただければ」という条件の下に、いくつかの「ボーナス」アイテムが追加されることが多い。これによって、視聴者は分離勘定の下により高い心理的価値を見出す。

5-2◉分割払いの心理会計効果

予想外の小さな損失（$x_1 < 0$）と予想外の大きな利益（$x_2 > 0$）が発生した場合（$x_1 + x_2 > 0$）、分離勘定よりも統合勘定で処理したほうが人間にとって心理的価値は高くなる。

その典型が、税金（小さな損失）が月々の給与（大きな利益）から源泉徴収されるケースである。この徴収方法をやめて、すべての国民が毎年三月に一括して納税の確定申告書を提出するという方法が採用されたならば、国民は分離勘定の下に所得税の負担を非常に重く感じるので、税務署はこれまで以上に徴収が難しくなるだろう。

また、売り場の店員が高額商品を販売する場合、代金の徴収にはこれと同じ原理が働く。したがって、口座から天引きされる分割払いなどを勧めるとよい。顧客が二〇〇万円の自動車を購入する際も、月々約二万円、年二回のボーナス時各一〇万円、支払い期間五年間という契約であれば、顧客にとって心理的負担は軽くなる。

5-3◉割引による心理会計効果

予想外に小さな利益（$x_1 > 0$）と予想外に大きな損失（$x_2 < 0$）が発生した場合（$x_1 + x_2 < 0$）、心理会計上、統合勘定よりも分離勘定で処理したほうが心理的価値は高い。

この特徴は販売戦略に応用できる。たとえば、ある自動車のディーラーが二五〇万円で自動車を販売している。別のディーラーは、同じ自動車を二八〇万円で販売しているが、様々な割引サービスをつけて、最終的に二五〇万円と提示した。顧客が両者から勧誘を受けた場合、どちらのディーラーから購入する可能性が高いだろうか。

単純計算では、両者の販売方法に本質的な差はない。しかし、心理会計的な観点から見れば、前者は統合勘定を展開し、後者は分離勘定を展開して顧客により高い価値を感じさせている。

価値関数v（x）のS字の形状をイメージすれば、自動車の購入費用はそれぞれ－二五〇万円と－二八〇万円なので、**図表4-14**のように消費者にとって心理的価値v（－250）とv（－280）に大きな差はない。他方、利益はそれぞれ〇円と三〇万円なので、心理的価値v（0）とv（30）には大きな差が出ることになる。

したがって、分離勘定を展開する後者のディーラーのほうが、より高い満足を顧客に与えることにな

図表4-14◉2人のディーラーの心理会計

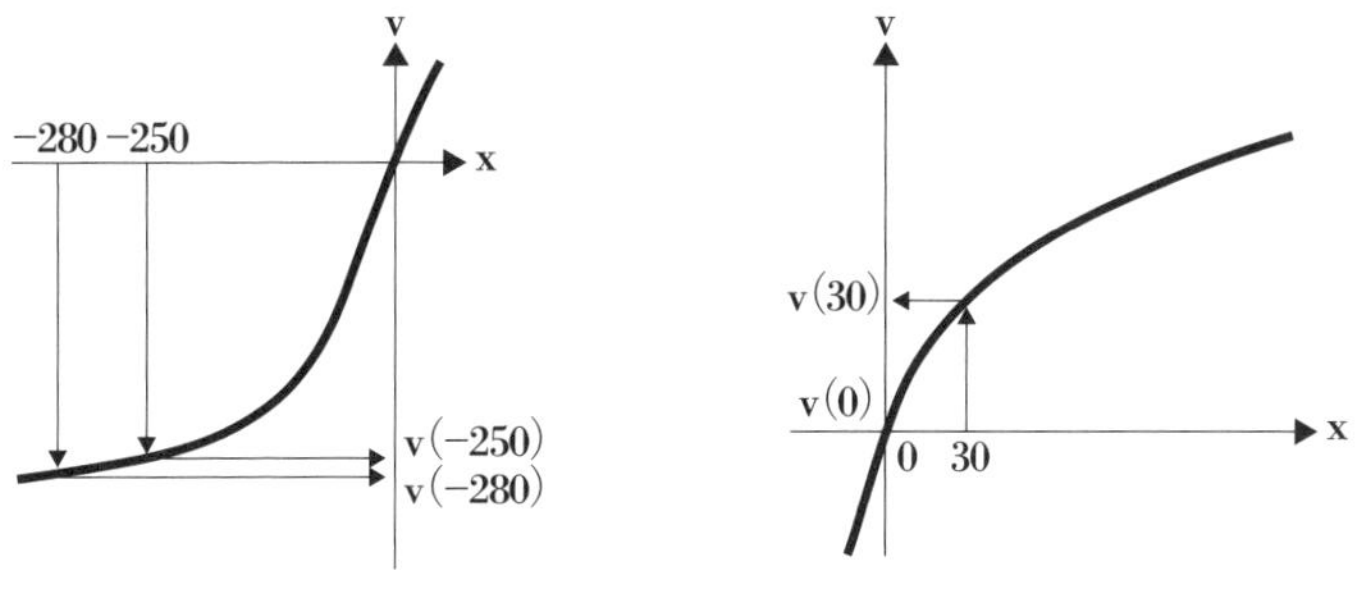

る。それゆえ、顧客は後者から購入する可能性が高くなるわけである。

5-4◉オプション販売、抱き合わせ販売による心理会計効果

最後に、人間は予想外の二つの損失（x_1＜0）と（x_2＜0）が出た場合、分離勘定よりも統合勘定で処理したほうが心理的損失は小さく感じる。

このような人間の心理的傾向を利用すれば、すでに確定している一〇万円の損失に、さらに五〇〇〇円の損失が発生しても、これらを統合できる場合には、五〇〇〇円の損失は消費者にとってインパクトが非常に弱い。ということは、顧客に高額の買い物をさせ、さらに他の商品を合わせて購入させたい場合、大きな買い物のコストに、小さな買い物のコストを追加できれば、顧客がそれほど抵抗なく両者を同時に購入する可能性が高いということである。

したがって、高額な製品を販売する企業は、常に追加オプショ

ンをつけるかどうかを検討する必要がある。たとえば、自動車の基本価格が二〇〇万円の場合、オプションとして一〇万円のカーナビ、あるいは三万円のCDプレーヤーをつければ、心理会計上きわめて効果的な販売方法となる。また、二五万円の携帯小型パソコンに、五〇〇〇円の携帯用保護バッグをオプションとする販売方法も心理会計上、有利となる。消費者は統合勘定の下で、そのような追加的なコストをそれほど負担には感じないからだ。

抱き合わせ販売もまた同じ効果がある。日本では、この販売方法は不公正な取引方法として独占禁止法第一九条で禁止されている。ただし、二つの商品が密接に関わっている場合、たとえばレンタカーと保険のような抱き合わせ販売や、個別に購入できる選択肢が残されているケースは除外される。

また、かつてマイクロソフトが、パソコン・メーカー各社に対して、〈ワード〉と〈エクセル〉のセット販売を行い、公正取引委員会からの勧告を受けたことがある。当時、日本ではワープロ・ソフトは〈一太郎〉のシェアが高かったが、これを機に〈ワード〉のシェアが上がったといわれている。さらに、音楽CDの販売では「初回限定盤」と銘打って初回盤にのみプロモーション・ビデオ入りのDVDやボーナス・トラックを入れるといった抱き合わせ販売手法がよく見られる。消費者からは不評であるが、いまのところ問題とはなっていない。

近年では、〈ニンテンドーDS〉における同様の販売例が顕著となっている。オンライン・ショップなどでは、プレミア価格と称して不人気ソフトとの抱き合わせ販売を行っている。これらも、心理会計上、消費者の購入心理を高めるものである。

以上のように、行動経済学によれば、物理的世界とは別に人間には心理的世界があり、それが人間の経済行動に大きく影響する。行動経済学の成果を用いれば、人間がよりよい製品に移行せず現状の製品に留まるといった、一見、非合理的に見える行動も実は心理的には非常に合理的なものとして説明できる。その特徴を理解し、現実に応用することで、人間の心理的世界を対象とした効果的な間接アプローチ戦略を展開することができるだろう。

【注】

1. これらの実験については、友野典男『行動経済学 経済は「感情」で動いている』（光文社新書、二〇〇六年）を参照されたい。
2. コカ・コーラとペプシの事例は、守屋淳『孫子とビジネス戦略』（東洋経済新報社、二〇〇四年）を参考にした。
3. 心理会計については、セイラーの研究に詳しい。マーケティングへの応用については、Richard H. Thaler, "Mental Accounting and Consumer Choice," *Marketing Science 4*, 199-214, 1985.、経営学への応用については、拙著「リーダーの心理会計」（『DIAMONDハーバード・ビジネス・レビュー』二〇〇六年二月号）ならびに『命令違反が組織を伸ばす』（光文社新書、二〇〇七年）を参照されたい。
4. Richard H.Thaler, "Mental Accounting and Consumer Choice," *Marketing Science Vol.4*, 199-214, 1985. を参考にした。

第5章

知性的世界への間接アプローチ戦略

戦略の取引コスト経済学

1 直接アプローチ戦略の限界
——知性的世界の存在

1・1◉新古典派流の直接アプローチ戦略

新古典派経済学では、人間は完全合理的に行動すると仮定される。それゆえ、消費者は、企業が提供する商品のわずかな優劣でも完全に識別し、優れた新商品が発売されれば容易にその商品に移行する。したがって、新商品への需要が高まり、市場のメカニズムによって価格は上昇する。その結果、新商品を製造・販売する企業は、より多くの利益を獲得して生き残る。一方、既存商品は需要が減少し、したがって価格が低下する。その結果、既存商品を製造・販売する企業は、生産コストを回収できず、累積赤字を解消できなければ淘汰されることになる。

このように、完全合理性の世界では市場メカニズムによって優れた商品をより安く製造・販売する企業が生き残る。市場は、常に最善の答えを出すというわけだ。もし新古典派経済学理論が正しければ、力のある企業は優れた商品をより安くより多く製造・販売するという直接アプローチ戦略に従えばよい。

まさに、クラウゼヴィッツ流の決戦戦略である。

1-2◉反証事例の出現

しかし、一九八〇年代、新古典派経済学的な考えに対する反証事例が経済史家のポール・デビッドによって発見された。コンピュータのキーボード上段の標準的な文字配列は、左から「QWERTY……」となっている。デビッドは、この文字配列に注目した。

このキーボードの文字配列は、一九世紀に完成したものである。当時のタイプライターは性能が悪く、速く打つと文字を打ちつけるアームが絡まるという問題があった。この問題を解消し、指の動きをできるだけ遅くするために考案されたのが、QWERTY《クワーティ》配列だった。[注1]その後、タイプライターは電動化され、コンピュータが登場し、より効率的な文字配列が考案された。にもかかわらず、いまだにQWERTY配列が使われている。なぜか。

QWERTY配列が効率的な配列だったのではない。まったく偶然に採用され、いつの間にかデファクト・スタンダード(事実上の標準)になったからである。

これに類似した事例はほかにもある。コンピュータのOSにおいて、なぜ〈マッキントッシュ〉は〈ウィンドウズ〉に負けたのか。なぜソニーの家庭用ビデオ〈ベータ・マックス〉方式は、ビクターの〈VHS〉方式に負けたのか。〈ウィンドウズ〉や〈VHS〉方式の製造コストが安く、技術的に優れていたわけではない。必ずしも市場は最善の答えを出すわけではないということだ。これは、物理的世界だけを対象とする直接アプローチ戦略には限界があること示唆しているのだ。

このような現象は、第4章で説明した人間の心のバイアスによっても説明できるが、ここでは「取引コスト」の存在に注目する。

2 取引コスト理論

2・1◉取引コストの実在性

人間は限定された能力のなかでのみ合理的に行動する。この人間の限定合理性[注2]と、人間の知性によって把握できる知性的世界の実在性を仮定すると、一見、非合理的な人間行動も合理的なものとして説明できる。

一九九一年にノーベル経済学賞を受賞したロナルド・H・コースやオリバー・E・ウィリアムソンは、物理的世界や人間の心理的世界とは別に、会計的に計測しにくい取引コストの存在を発見し、それが人間の経済行動に大きく影響することを明らかにした。

ウィリアムソンによれば、人間は新古典派経済学が仮定しているように完全合理的ではなく、限定合理的であるとする。[注3] 人間は情報を完全に収集、処理、伝達できず、限定された情報のなかでのみ合理的に行動しようとする。しかも人間は、たとえ悪徳的であろうとも、隙あらば自己利益を追求しようとする機会主義的な存在でもある。

このように、人間が限定合理的で機会主義的であるならば、知らない者同士が市場取引を行う場合、相手の不備につけ込んで、機会主義的に自分に有利になるような駆け引きをする人間が現れるだろう。すると、相手にだまされないように事前に相手を調査し、弁護士を雇って正式に取引契約を交わし、契約後も契約履行をめぐる監視を強いられる。文房具のような比較的安価なものを取引する場合はともかく、土地や建物などの不動産取引では激しい駆け引きが展開されるだろう。

このように、交渉・取引には多大な無駄、つまり取引コストが発生する。その重みを把握する能力を人間は持ち合わせているのだ。取引コストは会計上に記載される費用ではない。計測が難しく、目に見えないコストではあるが、明らかに実在する。それは、人間の知性によって把握されうるコストであり、カール・ライムント・ポパーの言葉で言えば世界3、つまり知性的世界の住民なのだ。

2-2◉取引コストの節約原理

この取引コストの存在に、人間行動がどのように影響を受けるのかを、簡単な事例を用いて説明してみよう。いま、日本のメーカーA社は国内部品メーカーB社と取引があり、部品一個当たりのコストが一〇〇〇円だとしよう。B社は納期を必ず守り、部品の品質も優れているため、A社はB社に全幅の信頼を置いている。ところが、ある日、東南アジアの見知らぬ部品メーカーC社から、部品一個を四〇〇円で供給できるという打診があった。A社はB社との取引を継続すべきだろうか。それともC社と新規契約を交わすべきだろうか。

物理的世界の観点からすると、A社にとって合理的な選択はC社との取引である。

物理的世界におけるコスト計算

B社　　　　　　C社

（1000円×x個）＞（400円×x個）

しかし、A社はこの取引をめぐって、すぐに知性的世界の住民である取引コストの存在を認識するはずである。日本企業であるB社との取引には不確実性もないし、相互に駆け引きも起こらないので、取引コストはほとんど発生しない。これに対して、海外の見知らぬC社と取引を開始するには、事前に製造能力の調査や正式な契約のほか、契約後も契約履行を監視する必要があり、多大な取引コストが発生することになる。その大きさを考慮すると、A社にとって、以下のような不等式が成り立つ。

「物理的世界＋知性的世界」におけるコスト計算

B社　　　　　　C社

（1000円×x個）＋取引コスト＜（400円×x個）＋取引コスト

このように、たとえC社の部品一個当たりの価格がB社のそれより安くても、C社との取引で発生する取引コストがあまりにも高いために、A社はB社との取引継続を選択するだろう。それは、一見、非合理的な選択に見えるかもしれないが、取引コストの存在を考慮すれば、きわめて合理的な行動選択であるといえる。一般に、人間は取引コストそのものが少なかったり、それを減少させたりするような行動を選択する。これが、取引コスト節約原理である。

2-3◉不条理な現象

以上のように、取引コストが存在する世界では、競合企業より優れた新製品を開発しても、自社製品が売れる保証はない。というのも、競合企業の製品から自社製品への買い替えに際して、顧客は目に見えない様々な取引コストの存在に気づくからである。そのため、人間は合理的に考えて非効率的な状態や不正な状態に留まるといった不条理に陥ることになる。

たとえば、ある企業の経営者が多くの人々を巻き込んで多大な資金を調達し、新しいビジネスを立ち上げたとしよう。しかし、時間の経過と共に、そのビジネスが実は不正であることに気づいた。この時、経営者はこのビジネスをすぐに中止し、不正を公表できるだろうか。経営者がそうするためには、多くの利害関係者たちと交渉・取引する必要があり、そのために膨大な取引コストが発生することをすぐに認識するだろう。この取引コストの発生を回避するために、経営者は「合理的」に不正を隠したままビジネスを継続するという不条理に陥ることになる。

また、ある企業のゲーム機に慣れ親しみ、しかもそのゲーム機をめぐって広範囲に友だちの輪を広げている子どもに、別の企業のより性能のよい新しいゲーム機を買い与えたとしても、子どもがその新しいゲーム機に移る可能性はほとんどない。新しいゲームで遊ぶように子どもを説得するには、高い交渉・取引コストが発生することを親はすぐに把握できるだろう。それゆえ、いまより高性能なゲーム機が新発売されたとしても、親はそれを購入しようとはしないはずだ。つまり、非効率的な製品が売れ続けるという不条理な現象が起こることになる。

有料道路自動料金収受システム（ＥＴＣ）の普及率でも、同様の現象が見て取れる。日本ではＥＴＣ技術の高度化は目覚ましいが、普及率は日本よりマレーシアなどのアジア諸国のほうがはるかに高い。その理由は、いまだ有料道路の料金所には多くの料金収受人がおり、彼らを一気に解雇するにはあまりにも大きな交渉・取引コストが発生するからである。

このように、取引コストが大きい場合、たとえ既存製品が新製品より劣っていたとしても、消費者は新製品への移行に伴って発生する取引コストの大きさを認識するため、多少のことでは動かない。したがって、企業が優れた新製品を開発し、積極的にそれを販売しても売れる保証はない。これがＱＷＥＲＴＹキーボードの文字配列、〈ウィンドウズ〉、〈ＶＨＳ〉方式の成功要因の一つであろう。

取引コスト理論では、このように非効率的な状態に留まるという現象をけっして非合理な現象とは見なさない。それはそれで合理的な現象だと見なす。現状が非効率的であるとわかっていても、人間の知性は取引コストの存在を把握してしまうために、容易に移行することができないのだ。言い換えれば、移行しない限り取引コストは発生しないので、現状にわずかでもメリットを感じさえすれば、現状に留まろうとする慣性が人間に働くわけである。

2・4◉取引コストをめぐる間接アプローチ戦略

限定合理的な人間世界では、目に見えないし計測も完全にできないが、明らかに実在する取引コストを人間の知性は把握してしまう。そのため、技術的に優れた製品を安く製造・販売するような直接アプローチ戦略だけでは消費者を説得できず、市場を支配できない可能性が常にある。そこで、知性的世界の住民である取引コストの存在を意識した間接アプローチが必要となる。

取引コストを減少させて現状を変化させる

もし自社製品を普及させるために現状を変化させたいのなら、買い替えの際に発生する顧客の取引コストを取り除く戦略的な工夫が必要となる。第4章でも触れたが、マイクロソフトは、日本語ワープロ・ソフト〈一太郎〉が支配する日本市場に〈ワード〉を導入する際、間接アプローチ戦略を採用した。当時、日本のビジネスマンの間ですでに定評のあった表計算ソフト〈エクセル〉を〈ワード〉と組み合わせ、パッケージ・ソフトとして販売したのだ。これによって〈一太郎〉から〈ワード〉へのチェンジング・コスト、つまり取引コストが大幅に節約され、多くのビジネスマンが〈ワード〉へと乗り換えた。

また、携帯電話会社を変更する場合、これまでは電話番号が変わることがネックとなって買い替えをめぐる取引コストが非常に高かった。しかし、今日、電話番号を変更せずに携帯電話会社を変えられるため、ユーザーの選択の幅が広がった。この場合、コンテンツに自信のある携帯電話会社は、ユーザーがコンテンツのみで選択できるように、規制緩和を要求するロビー活動を行うことが非常に有効な戦略的行動の一つであるといえるだろう。

取引コストを高めて現状を維持する

逆に、自社製品が市場を支配しており、現状維持を望むならば、消費者が買い替えをする際に取引コストが高くつく状態を作り出せばよい。たとえば、情報システムを販売するIT企業は、自社が提供する情報システムを意図的に特殊化して複雑化することができる。この時、自社のシステムを更新すれば低コストで済むが、自社以外のシステムへの変更には非常に高いコストが発生するというシステムを構築しておけば、システムの買い替えに伴う取引コストがきわめて高くなるので、いったん採用されたシステムは同業他社のそれに変更されにくくなる。

また、先述の携帯電話会社の例では、電話番号の変更がなくなったことで、変更に伴う取引コストは大幅に節約されたものの、ユーザーは変更と同時にそれまでに貯めたサービス・ポイントが利用できなくなる。これを利用して、変化に伴う取引コストを増加させ、ユーザーの解約を食い止めることが可能であろう。他方、その逆手を取って、他社から自社への変更を目論むユーザーに対して、サービス・ポイントを倍増させるという戦略もありうる。まさに、知性的世界の住民である取引コストの増減をめぐる戦略的攻防である。

取引コストを操作する

ではどうすれば、意図的に取引コストを下げたり高めたりすることができるだろうか。ウィリアムソンによれば、取引コストの大きさは、❶取引状況の不確実性や錯綜性が高いかどうか、❷取引頻度が高いかどうか、❸資産特殊性が高いかどうかで決まるという。

これらのうち、もし取引状況の不確実性や錯綜性が高ければ、取引相手との駆け引きが起こりやすいので取引コストは高くなる。一方、取引をめぐる不確実性を少なくし、錯綜性を低くすれば、取引コストは減少する。とはいうものの、一般に後者のような操作は難しいだろう。

一方、取引頻度が高い相手の情報を監視できれば、取引コストを下げることができる。しかし、コンサルティング料のように金額の妥当性が取引回数とは無関係に不透明な場合には、取引するたびに駆け引きが展開されるので、取引コストは高くなる。この場合、取引頻度を減らす必要がある。このように、頻度を意図的に操作することによって、取引コストの増減を操作することはできるかもしれない。

では、資産の特殊性についてはどうだろうか。資産特殊性とは、特定の相手と取引するとコストが低下したりメリットが上昇したりするが、別の相手と取引すると、逆にコストが増加したりメリットが減少したりするような人的資産や物的資産のことである。簡単に言えば、相互依存関係にある資産はどれも特殊な資産となる。

たとえば、トヨタのサプライヤーは、トヨタに対しては割安かつスムーズに部品を供給できるが、日産に対しては割高になってしまう可能性がある。というのも、トヨタ製品向けの特殊な設備を備えているからである。このような特殊な設備（資産）に関連した取引が、資産特殊性の高い取引である。

ウィリアムソンによれば、資産特殊性が高い取引では取引コストが高くなる。特定の取引相手のための特別な設備投資をすると、投資資金を回収するまで取引関係を放棄できなくなる。というのも、この取引関係を破棄すれば、特殊な投資は埋没コスト（回収できないコスト）になってしまうからである。特に、このケースでは、特殊な資産を持たない取引相手が主導権を握ることが多く、取引関係の解消をちらつかせながら、法外な要求を突きつけてくる可能性が高い。

このように、資産特殊性が高い取引では機会主義が出現しやすいために、取引コストが高くなる。それゆえ、意図的に取引コストを高めようとするならば、資産を特殊化すればよい。逆に、意図的に取引コストを下げるには、資産を一般化しておく必要があるということだ。

3 ソニーと任天堂の戦い

取引コストを含む知性的世界を対象とする間接アプローチ戦略を具体的にイメージするために、ゲーム業界における初期のソニーと任天堂の熾烈な戦いを取り上げたい。

かつてソニーは、物理的世界での力と力の戦いにこだわり、知性的世界の実在性を認めず、家庭用ビデオをめぐる戦いで敗北を喫した。いわゆる、〈ベータ・マックス〉対〈VHS〉戦争である。その後、物理的世界だけを対象とする直接アプローチ戦略から脱却し、取引コストなどからなる知性的世界を対象とする間接アプローチ戦略を積極的に駆使してゲーム業界に参入し、任天堂を破った。ソニーは、知性的世界に対してどのような間接アプローチ戦略を展開したのだろうか。

3・1◉ポーターの競争戦略論の限界

第3章で述べたマイケル・E・ポーターの競争優位モデルによれば、競争戦略の基本は、次の三つである。

コスト・リーダーシップ戦略：低コストという競争優位に基づいて商品を販売し、シェアを拡大する。
差別化戦略：デザイン、ブランド、技術、顧客サービス、品質などの独自性を競争優位とする。
集中戦略：特定のセグメントに資源を集中的に投入し、差別化あるいは低コストで競争優位を築く。

ゲーム業界は、一九八〇年代に任天堂が支配的な地位を獲得し、その後、新規参入が非常に難しい業界となった。しかし、ソニーやセガなどが参入し、やがて三つ巴の戦いに発展していった。当時のこのゲーム業界の戦いを、物理的世界を対象とするポーターの戦略論では十分に説明できないことを明らかにする。

ゲーム業界の歴史

一九八三年、任天堂は〈ファミリーコンピュータ〉（ファミコン）を開発し、市場の独占化に成功した。その市場で差別化戦略を推進して参入してきたのは、NECとセガであった。セガの〈メガドライブ〉は任天堂の〈ファミコン〉よりもビット数が多く、NECの〈PCエンジン〉は任天堂の〈ファミコン〉と同じ八ビットだが同時発色数などの優位な技術で勝負を挑んだ。これに対抗して、任天堂は低価格を追求するコスト・リーダーシップ戦略を徹底した。その結果、この戦いは任天堂の圧勝に終わった（**図表5-1**参照）。
九〇年代に入ると、ソニー（子会社ソニー・コンピュータエンタテインメント：SCE）がこの業界に参入した。ＳＣＥは、九四年、任天堂の〈スーパーファミコン〉よりも高性能の〈プレイステーション〉を発売した。セガも高性能の〈セガサターン〉を市場に投入した。

ＳＣＥとセガが差別化戦略を徹底したのに対して、任天堂はあくまでもコスト・リーダーシップ戦略で対抗した。**図表5-2**のように、この時初めてＳＣＥとセガのゲーム機がヒットした。そして、九四年に七五％あった任天堂のシェアは、九五年には三三％と激減し、セガとＳＣＥはそれぞれ三二％と三〇％にシェアを大きく伸ばした。こうして、任天堂の独占状態は崩壊し、ゲーム業界は三社競合時代へと突入していったのである。

ここまでの動きは、ポーターの競争戦略論によってある程度説明することができる。

反証事例

九〇年代半ばになると、戦いはより激しさを増していった。任天堂は九六年、他の二社の商品より価格が安くしかも高性能の〈ＮＩＮＴＥＮＤＯ64〉を発売した。しかし、結果的に売上げを伸ばし続けたのは、ＳＣＥの〈プレイステーション〉だけだった（**図表5-3**参照）。九八年には三社のシェアが塗り替えられ、ＳＣＥ六〇％、セガ二〇％、任天堂一五％と、その地位は完全に逆転し、ＳＣＥが圧倒的な競争優位を築いた。

なぜＳＣＥは市場制覇を成し遂げることができたのだろうか。[注4] これは、ポーターのコスト・リーダーシップ戦略や差別化戦略といった直接アプローチ戦略だけでは説明できない現象である。

図表5-1◉**ゲーム業界の競争状況1**

発売元	製品名	発売年	ビット数	価格	勝敗
任天堂	〈ファミリーコンピュータ〉	1983年	8ビット	14,800円	勝利
NEC	〈PCエンジン〉	1987年	8ビット	24,800円	敗北
セガ	〈メガドライブ〉	1988年	16ビット	21,000円	敗北

図表5-2◉**ゲーム業界の競争状況2**

発売元	製品名	発売年	ビット数	価格	勝敗
任天堂	〈スーパーファミコン〉	1990年	16ビット	25,000円〜	敗北
SCE	〈プレイステーション〉	1994年	32ビット	39,800円〜	勝利
セガ	〈セガサターン〉	1994年	32ビット	44,800円〜	勝利

図表5-3◉**ゲーム業界の競争状況3**

発売元	製品名	発売年	ビット数	価格	勝敗
SCE	〈プレイステーション〉	1994年	32ビット	39,800円〜	勝利
セガ	〈セガサターン〉	1994年	32ビット	44,800円〜	敗北
任天堂	〈NINTENDO64〉	1996年	64ビット	25,000円	敗北

3-2◉知性的世界での間接アプローチ戦略

ゲーム業界の取引関係

ポーターの競争戦略論は、原価、品質、戦力集中といった物理的世界を対象とする力と力の戦い、つまり直接アプローチ戦略である。それは、クラウゼヴィッツ流の決戦戦略的な側面を持つ戦略でもある。しかし、当時のゲーム業界で起こった現象は、このような一元的な戦略論では十分に説明できない。ゲーム業界では、実は知性的世界でも戦いが展開されていたのである。

図表5-4◉**ゲーム業界の取引構造**

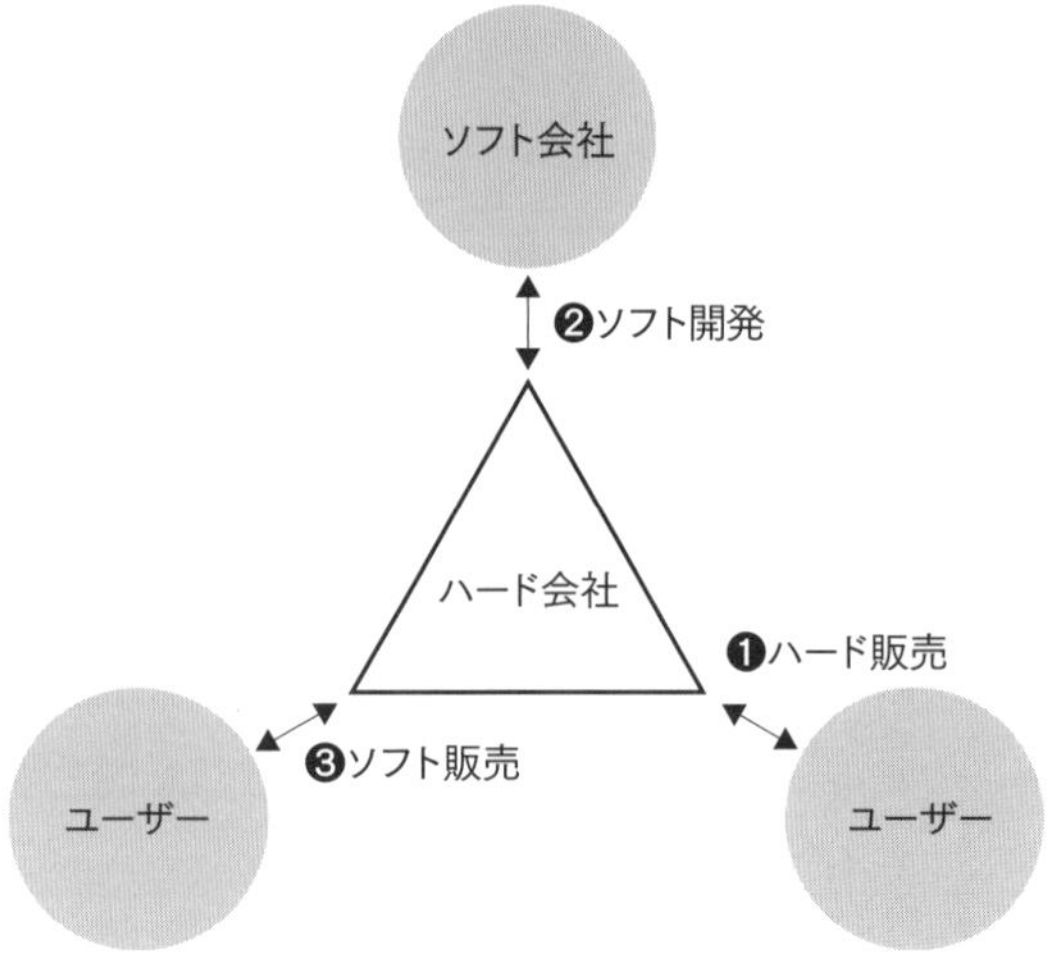

そのことを説明するために、まずゲーム業界における特殊な取引関係に注目してみたい。ゲーム業界は、ソフトウエアなくしてハードウエアはありえず、ハードなくしてソフトもありえない業界である。それゆえ、この業界の主要な取引関係は、少なくとも次の三つに大別される（**図表5-4**参照）。

❶ハード販売をめぐるハード会社とユーザーとの取引関係
❷ソフト開発をめぐるハード会社とソフト会社との取引関係
❸ソフト販売をめぐるハード会社とユーザーとの取引関係

ソフト会社が直接ユーザーにソフトを売ることもあるが、当時のゲーム業界では一般にソフト会社はハード会社にソフトの製造・販売を委託するケースが多かった。それゆえ、ソフト販売については、ハード会社とユーザーとの取引関係が中心となっていた。

このような業界慣習の下、任天堂、セガ、ＳＣＥは戦略上の選択に迫られていた。完全合理性の妄想にとらわれて競合企業の完全撃滅を目指し、ハードをめぐる直接対決だけに戦力を集中すべきか。それとも、みずからの限定合理性を認識し、サード・パーティであるソフト会社の力を借りつつ、ハードをめぐる戦いを有利に進めるべきか。

リデル・ハート流に言えば、直接アプローチ戦略あるいは間接アプローチ戦略の選択となる。また、取引コスト理論的に言えば、サード・パーティやユーザーが負担する知性的世界上の取引コストの増大を無視して、あくまでハードとソフトの優位性だけを追求するか、あるいは取引コストの節約を考慮しながら自社製品の優位性も追求するかの選択となる。

セガは任天堂と同じ戦略を展開し、後述するように、任天堂と同じくソフト会社の取り込みに失敗した。以下、ＳＣＥと任天堂の戦いに焦点を当てて分析を進めていきたい。

3-3◉任天堂の直接アプローチ戦略

任天堂は、同業他社を撃滅するために、損を覚悟でハードの価格を下げ、その損失をソフト販売でカバーするという画期的な戦略を展開した（**図表5-5**参照）。

図表5-5◉任天堂の戦略

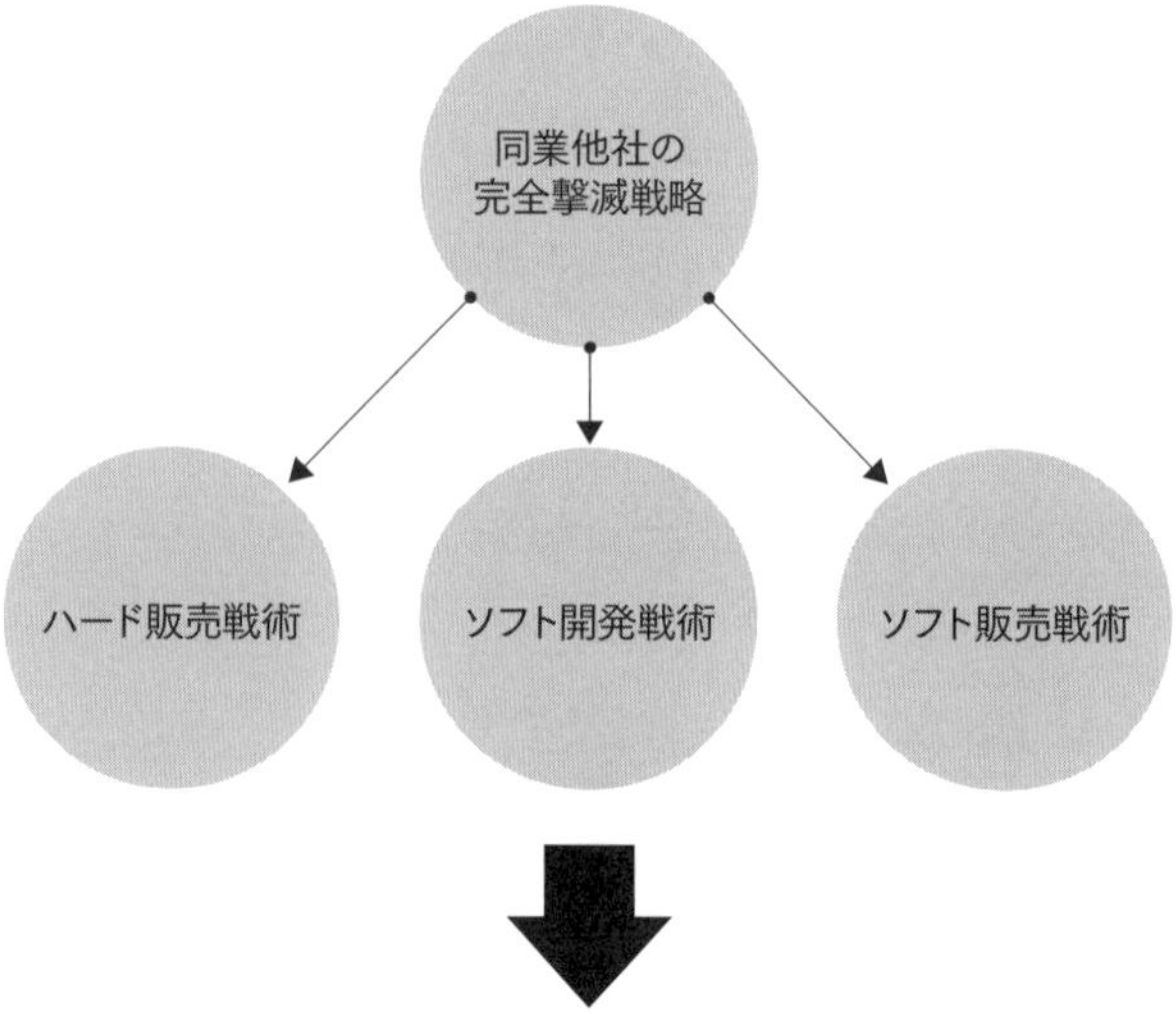

しかし、この戦略はソフト会社、流通業者、ユーザーに膨大な取引コストを負担させることになり、やがて深刻な任天堂離れを引き起こす。

メーカーとソフト会社の関係

任天堂は、ソフト会社を強制的に服従させるために、未契約会社を徹底的に締め出そうとした。そして、自社との取引契約をめぐる取引コストを重くした。たとえば、〈ファミコン〉を商標登録して、勝手に〈ファミコン〉の名称を使用した企業を訴えたり、一定期間を置いてバージョン変更を行い、未契約会社のソフトが作動しないようにしたりした。

さらに、任天堂はハードについての情報を公開しなかったため、ソフト会社は独自にハードの研究をしなければならなかった。それゆえ、たとえソフト開発能力があったとしても、ハードに関する研究資金のないソフト会社は参加の名乗りすら上げることができなかった。

また、ソフト会社が任天堂との契約にこぎ着けたとしても、ソフト制作をめぐる契約の際には、次のような厳しい条件が突きつけられた。

●ソフトの内容を任天堂と協議し、同社の許可を得てから制作する。
●ソフト会社が年間に販売できるソフトの数を制限する。
●ソフト制作はすべてOEMとし、委託生産費用の五〇%とロイヤリティを事前に任天堂に支払う。

任天堂はソフトの返品を一切認めなかった。そのため、ソフト会社、問屋、販売店は需要の変化に柔軟に対応できず、大量の在庫を抱えたり品切れを起こしたりなどのリスクにさらされていた。

このように、ソフト会社は任天堂との取引関係を構築するプロセスや契約後の製造・販売プロセスにおいても多大な取引コストの負担を強いられていた。それゆえ、次々と任天堂離れが起こるのも無理はなかったのだ。

実際、ソフト会社のなかには能力が高く、任天堂に対して高いロイヤルティを持つ企業もあった。しかし、あまりにも重い取引コストを認識してしまった結果、任天堂との取引を避けるようになり、任天堂との契約期間が満了となる前に取引関係を解消しようと目論むソフト会社が増えていった。

メーカーとユーザーの関係

任天堂は、需要変動に伴う在庫リスクを避けるために、問屋グループ「初心会」にソフトを買い取らせ、返品を一切認めなかった。つまり、在庫リスクを初心会に転嫁していたわけである。一方、初心会はこのリスクを回避するために、ソフト会社の原価にリスク回避料五〇〇円を上乗せしていた。この五〇〇円は、ユーザーにとってはまったく余計なコストであり、取引コストが目に見えるコストとして表れたものであった。

また、任天堂はソフト制作にカートリッジ方式（マスクROM方式）を採用していた。この方式はデータへのアクセスが早く、しかも海賊版が作りにくいというメリットがある半面、生産コストが高く、製造に時間がかかり、柔軟に注文にも対応できないというデメリットがあった。

このような流通上の硬直性が、やがて問屋や販売店のモラル・ハザードを生み出すことになる。たとえば、初心会のメンバーのなかには、ソフトを二次問屋や現金問屋に横流ししたり、不正コピーを行ったりする企業が現れたのだ。さらに、一部の販売店は、「疑似レンタル」と称してユーザーからソフトを安く買い戻し、新品として再販した。こうしてユーザーは、不正な複製品や中古品を購入しないように気をつけなければならないという取引コストを負担させられた。

このように、任天堂は直接アプローチ戦略を徹底し、物理的世界で圧倒的な競争優位を築こうとした。しかし、それによって被った知性的世界での不利益は計り知れないほど大きいものだった。

図表5-6◉ソニー（SCE）の戦略

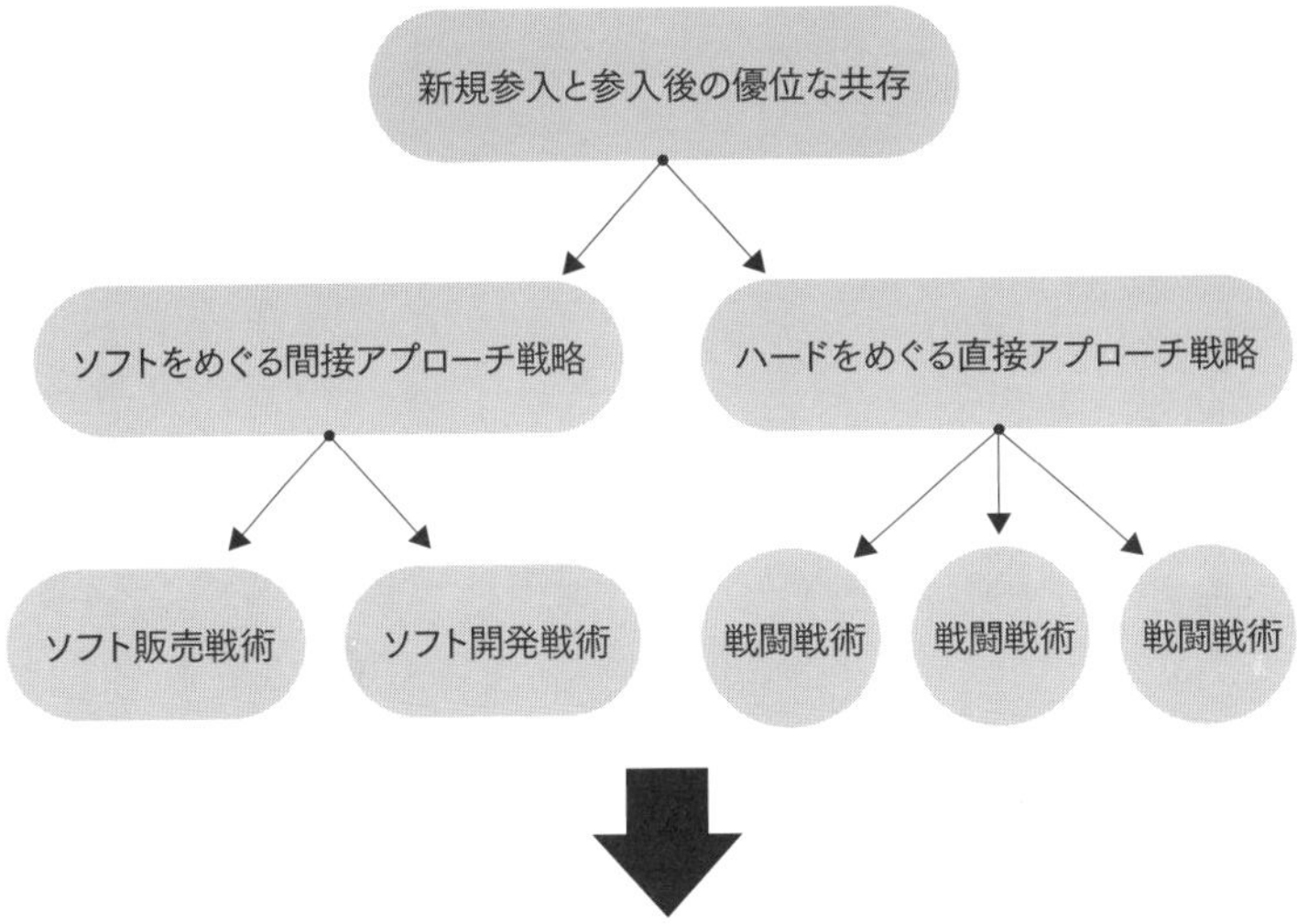

3・4◉SCEの知性的世界への間接アプローチ戦略

これに対して、SCEは、一方でハードをめぐって任天堂と直接対決を繰り広げ、他方でユーザーの信頼を勝ち取り、ソフト会社を取り込むという間接アプローチ戦略も展開していた。知性的世界を対象とした戦いを有利に進めた戦略イメージは、**図表5-6**のようになる。

SCEは、当初、ハードの分野で任天堂に完勝できるとはまったく考えていなかった。SCEの親会社であるソニーは、当時、コンピュータ関連事業で優位に立ったことがなく、SCEは自社が抱える不完全性や限定合理性を十分認識していた。そして、どうすればスムーズにゲーム業界に参入できるのか、またどうすれば参入後も優位性を堅持できるかを模索していた。すなわち、これがSCEの戦略的目的であった。

SCEはこの目的を達成するために、間接アプローチ戦略として可能な限りソフト会社やユーザーを抱き込む一方、直接アプローチ戦略も推し進め、最終的にゲーム業界での優位性を確保するグランド・ストラテジーを立てていた。当時のSCEに、任天堂を完全に力で撃滅する意図はなかった。

メーカーとソフト会社の関係

このようなグランド・ストラテジーの下、SCEはまずはソフト会社との取引関係に注力した。ソフト制作に必要なライブラリーを公開するという間接アプローチを展開したことで、SCEとの取引コストが大幅に節約された多くのソフト会社は、規模の大小を問わずSCEのソフト制作に自由に参加できるようになった。さらに、ユーザーの需要変動にスムーズに対応するために、生産しやすくしかも低コストのCD－ROM方式を採用したことで、ソフト会社も委託生産や在庫コストを節約できた。

こうして、ソフト会社はSCEとの取引コストを大幅に軽減でき、みずからの意思でSCEに服従するようになった。そして、劇的な変化が起こった。それまで任天堂の支配下でソフトを開発してきたナムコ、スクウェア（現スクウェア・エニックス）、エニックス（同上）などの大手ソフト会社が、SCEと取引を開始したのである。任天堂との取引で強いられる莫大な取引コストを回避するための離反であった。以降、これら大手ソフト会社が、〈NINTENDO64〉向けのゲーム・ソフトを開発することはなかった。

メーカーとユーザーとの関係

ＳＣＥは、さらにソニー・ミュージックエンタテインメントで蓄積されたレコードやＣＤの販売ノウハウを駆使して、問屋を通さないで直接仕入れて直販する「仕入れ販売」流通方式を導入した。この方式とＣＤ－ＲＯＭ方式という二つの施策によって、ユーザーとの取引コストは大幅に節約され、ユーザーは安価でタイムリーにソフトを購入できるようになった。

こうして、ユーザーとの取引コストは節約され、ＳＣＥは一方でソフト会社とユーザーを徐々に味方につけていくと共に、他方で物理的世界を対象とする直接アプローチ戦略も展開していった。まず、任天堂の一六ビットの〈スーパーファミコン〉に対抗して、三二ビットという高性能の次世代ゲーム機〈プレイステーション〉を発売した。ゲーム機のデザインにもこだわった。任天堂の扁平なコントローラーに対し、ＳＣＥは両手でつかむグリップ型コントローラーを取り入れた。鮮明な画質とプレーの臨場感はユーザーを魅了した。

〈プレイステーション〉の販売店マージンは、当時の常識であった一〇％をはるかに超え、破格の二五％に設定された。となれば、販売店がこぞってＳＣＥと取引したがるのは当然の成り行きであった。

その後、任天堂は高性能のハード、すなわち〈ＮＩＮＴＥＮＤＯ64〉を発表したが、ソフト会社とユーザーが再びＳＣＥから任天堂へ移動することはなかった。勝敗は決定的となった。このことは、任天堂への移動に伴って発生する知性的世界の住民である取引コストが、ソフト会社やユーザーにとっていかに重いものであったかを如実に物語っている。

4 知性的世界への間接アプローチ戦略の重要性

これまで、ビジネスの世界では、物理的世界での力と力の戦いだけが強く意識されてきた。その戦略は技術的イノベーションに基づく優れた製品を低コストで作り、市場を獲得する競争戦略であった。人間が完全合理的であれば、消費者は製品の特徴すべてを完全に識別できるので、企業は物理的世界を対象とする直接アプローチ戦略に基づき、低コストで優れた製品を開発するだけで競合企業に完勝できるだろう。

しかし、人間は完全合理的ではない。限定合理的である。それゆえ、企業も単独で最高の製品を開発し、最少コストで販売することはできない。企画開発から生産、販売に至る一連のプロセスでは、様々なセカンド・パーティやサード・パーティの力を借りる必要があり、彼らとの取引コストを節約するような間接アプローチ戦略を展開することが有利な戦況を作り出すことになる。

また、企業のみならず消費者も限定合理的であり、新製品の特徴を完全に認識することはできない。そのため、一部の消費者は既存製品にこだわるだろう。したがって、企業は製品自体の直接対決だけではなく、こだわりを持つ消費者が自社製品に移行しやすいように取引コストを節約するような間接アプローチ戦略を講じることが重要となる。

グローバル競争における戦いの勝敗は、一企業と一企業の直接対決で決まるのではない。多様な利害関係者を巻き込むことになるだろう。サード・パーティやセカンド・パーティとの取引コストを節約し、彼らを抱き込めれば、戦わずして敵は撤退する可能性がある。まさに、知性的世界での勝負なのだ。

また、開発競争が激化すると、最終的に製品自体の技術的差異は非常に小さくなる。そこで重要となるのはやはり、製品買い替えに伴う取引コストをいかに節約するかである。

競争の激化、グローバル化、開発競争の激化によって、間接アプローチ戦略の重要性は今後ますます高まるだろう。間接アプローチ戦略を駆使し、直接アプローチ戦略をより効果的に利用するためにも、これらを体系的に規定するより高次のストラテジーの策定と、それに基づく戦略経営こそが、今後、「一歩上を行く」企業に要求されることになる。

【注】

1．Paul David,"Clio and Economics of QWERTY," *American Economic Review 75*, 332-337, 1985.

2．Herbert A. Simon, *Administrative Behavior: 2ed*, Macmillan, 1961.（『経営行動』ダイヤモンド社、一九六五年）

3．Oliver E. Williamson, *Markets and Hierarchies: Analysis and Antitrust Implications*, The Free Press, 1975.（『市場と企業組織』日本評論社、一九八〇年）、Oliver E. Williamson, *The Economic Institutions of Capitalism: Firms, Markets, Relational Contracting*, Free Press, 1985.、Oliver E.Williamson, *The Mechanisms of Governance*, Oxford University Press, 1996. を参照。取引コスト理論については、拙著『日米独組織の経済分析——新制度派比較組織論』（文眞堂、一九九八年）、『組織の経済学入門——新制度派経済学アプローチ』（有斐閣、二〇〇六年）を参照されたい。

4．任天堂およびソニーを中心とするゲーム業界の動向については、麻倉怜士『久多良木健のプレステ革命』（WAC、二〇〇三年）に詳しい。また、ここでの議論のより詳しい分析については、拙著「クラウゼヴィッツか、リデル・ハートか」（『DIAMONDハーバード・ビジネス・レビュー』二〇〇五年四月号）を参照されたい。

第Ⅲ部

戦略の要素統合

第6章

キュービック・グランド・ストラテジーのイメージ

1 三つのパターン

我々が生きる世界は、物理的世界、心理的世界、知性的世界から構成されているという多元的実在論に基づいて、それぞれの世界で展開されうる可能な戦略を各論的に説明してきた。最後に残された問題は、これら三つの世界に対応する一つの直接アプローチと二つの間接アプローチをどのように立体的に組み立て、包括的に実行するかである。このような立体的大戦略を「キュービック・グランド・ストラテジー」(Cubic Grand Strategy：CGS）と呼ぶことができる。

キュービック・グランド・ストラテジー（CGS）は多様である。戦う相手によって、その内容はまったく異なるが、次の三つにパターン化できるだろう。

1・1◉同時進行型CGS

図表6-1は、物理的世界を対象とする直接アプローチ（W_1）、心理的世界を対象とする間接アプローチ（W_2）、知性的世界を対象とする間接アプローチ（W_3）を同時進行的に立体的に進めるCGSである。

図表6-1◉同時進行型CGS

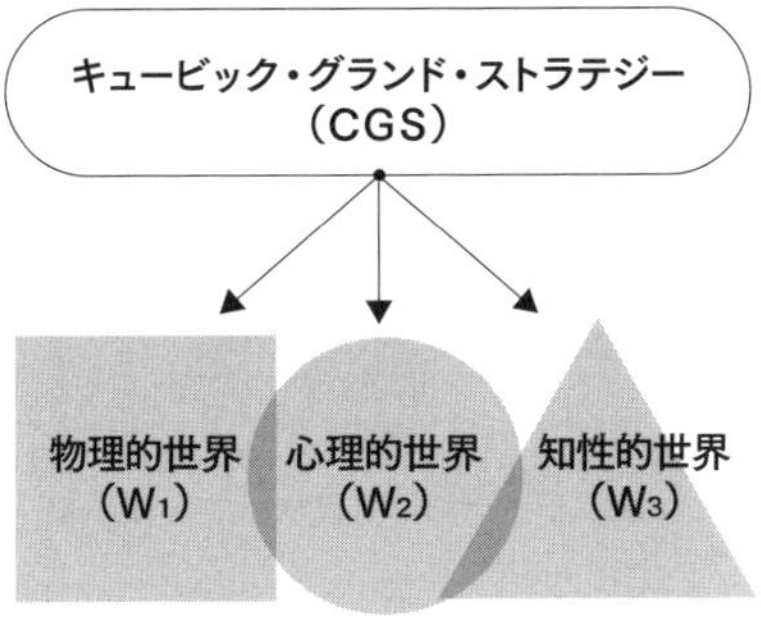

ヒト・モノ・カネ・情報などの資源を豊富に持つ、軍事大国アメリカや大企業が実行すれば効果的な戦略である。しかし、軍事大国や大企業は、CGSの本質を理解していないので、物理的世界だけを対象とする直接アプローチ戦略に力を注ぎ、資源の無駄使いをしてしまうことが多い。

1-2◉時間差重層型CGS

図表6-2は、まず知性的世界を対象とするソフトな間接アプローチ（W_3）、次に時間差で心理的世界を対象とするソフトな間接アプローチ（W_2）を展開し、最後に物理的世界を対象とするハードな直接アプローチ（W_1）でたたみかけるという時間差重層型CGSである。これは、三つの世界へのアプローチを段階的に時間差で進めることが可能であることを示している。

この場合、第一段階の知性的世界への間接アプローチ（W_3）で相手が譲歩すれば、非常に効率的な戦略となる。これは、アドルフ・ヒトラーがチェコやオーストリアに侵攻する時に、イギリス

図表6-2◉時間差重層型CGS～パターン1

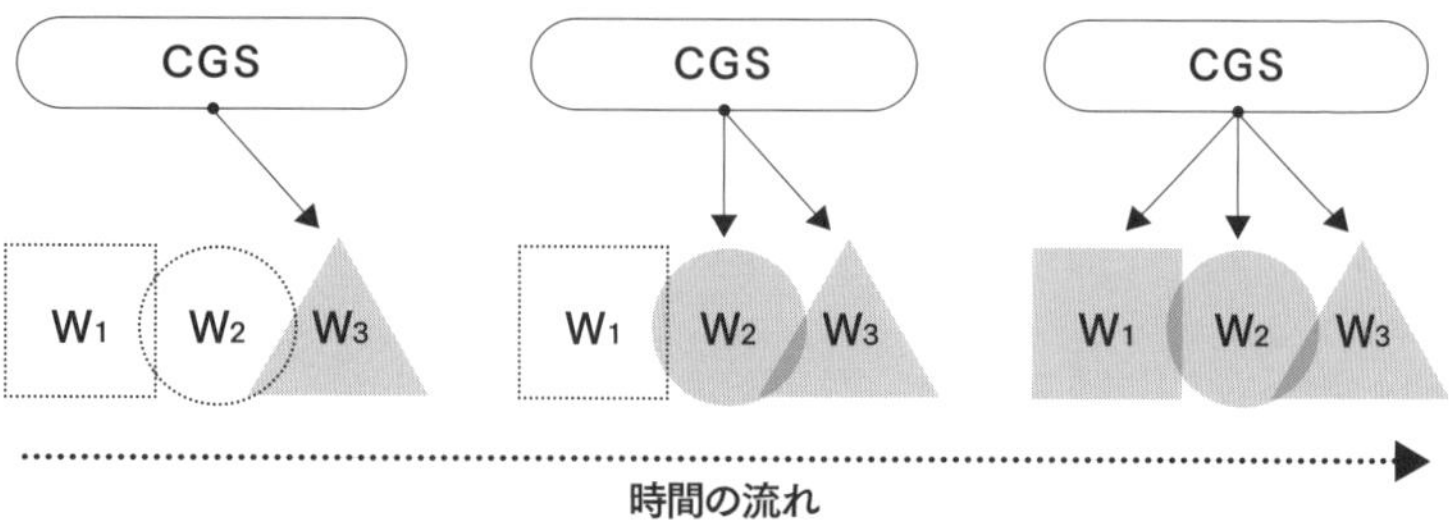

図表6-3◉時間差重層型CGS～パターン2

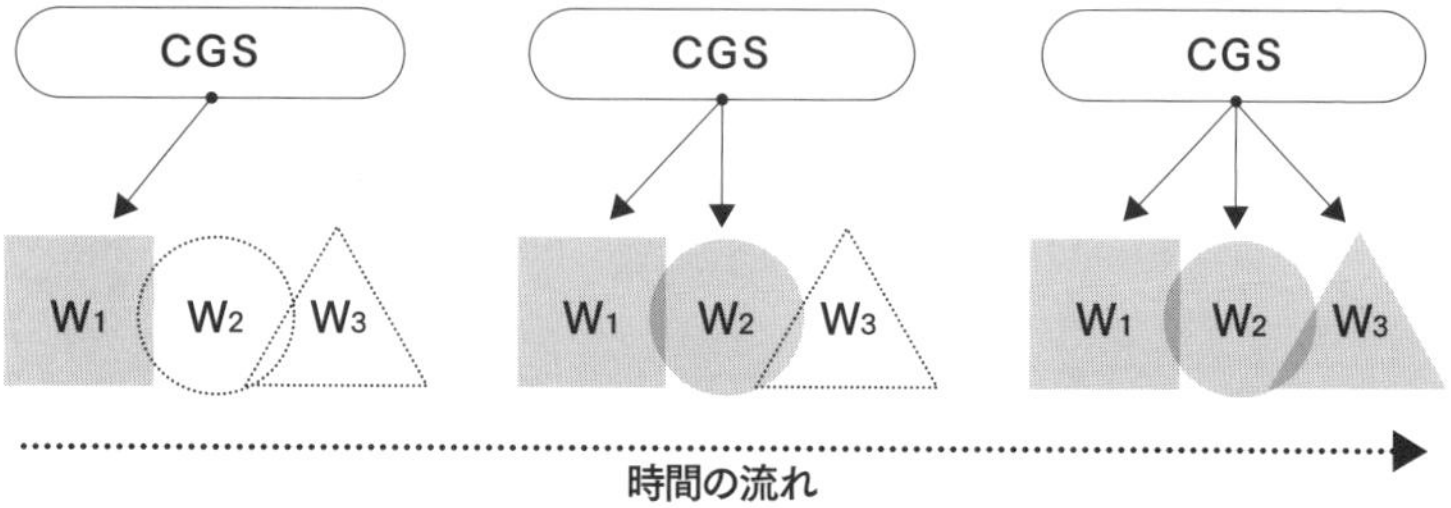

に対して展開した作戦である。しかし、ヒトラーはCGSという戦略思考を持ち合わせていなかったために、イギリスやアメリカを参戦させてしまい、最終的には物理的世界での直接アプローチ（W_1）に資源を集中させるという愚かな戦いを進めてしまった。

　時間差重層型CGSは多様であり、どのアプローチから始めてもよい。たとえば、**図表6-3**のように、物理的世界を対象とする直接アプローチ（W_1）から開始し、次に心理的世界を対象とする間接アプローチ（W_2）で攻め立てる。最後に、知性的世界を対象とする間接アプローチ（W_3）で重層的に攻め立てることも可能である。相手がこちらの力を十分認識していなければ、最初に物理的世界を対象とするハードな直接アプローチ（W_1）を展開して目に見える形でこちらの力を認識させ、つづいて心理的世界（W_2）、知性的世界（W_3）への間接アプローチを展開して勝利を達成するパターンである。

これは、日露戦争における日本の戦略であった。日本はロシアのバルチック艦隊を撃沈し（W_1）、次に、セオドア・ルーズベルト大統領の仲介でロシアに戦争終結を迫った（W_2→W_3）。つまり、ロシアに心理的な圧力を加え、そして直接的な交渉・取引コストを節約するために、アメリカ大統領ルーズベルトを有効に利用したわけである。

1-3◉時間差単層型CGS

図表6-4は、時間の流れと共に、まず知性的世界だけを対象とする間接アプローチ（W_3）を実行し、次に心理的世界だけを対象とする間接アプローチ（W_2）を展開する。最後に、物理的世界だけを対象とする直接アプローチ（W_1）を展開する時間差単層型CGSである。

もちろん、二つのアプローチを時間差で単層的に展開するケースもあるだろう。たとえば、**図表6-5**のように、初めに心理的世界と知性的世界（W_2＋W_3）だけを対象とし、次に物理的世界と心理的世界（W_1＋W_2）だけを対象とする戦略を展開する。最後に、物理的世界と知性的世界（W_1＋W_3）だけを対象とする戦略を展開するパターンである。

図表6-4◉時間差単層型CGS〜パターン1

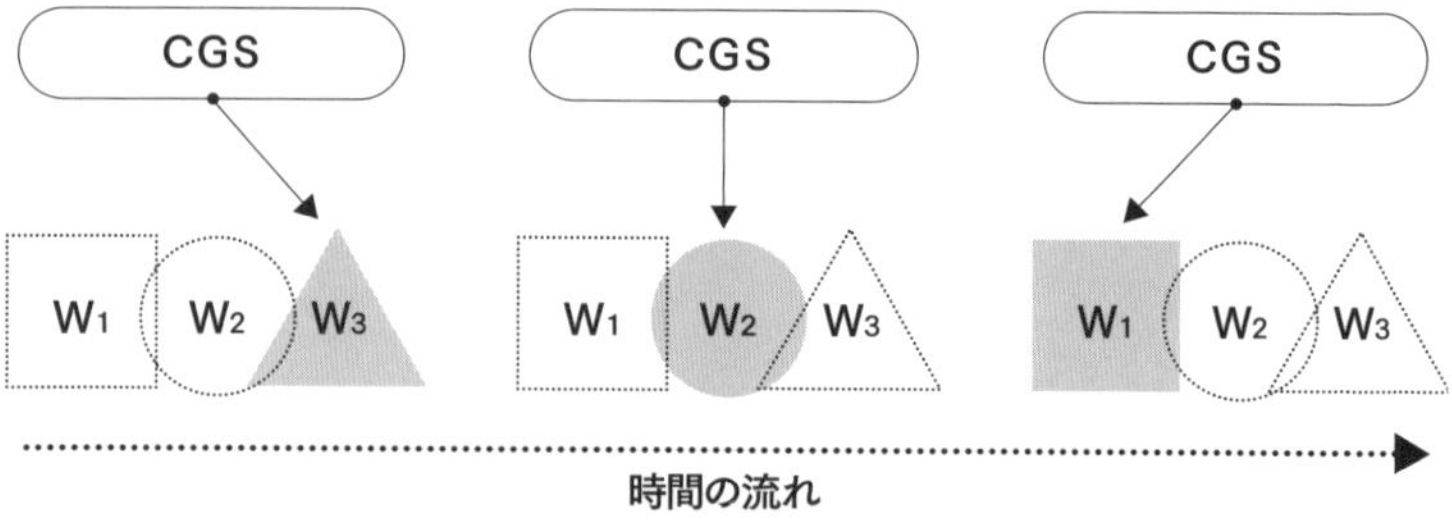

図表6-5◉時間差単層型CGS〜パターン2

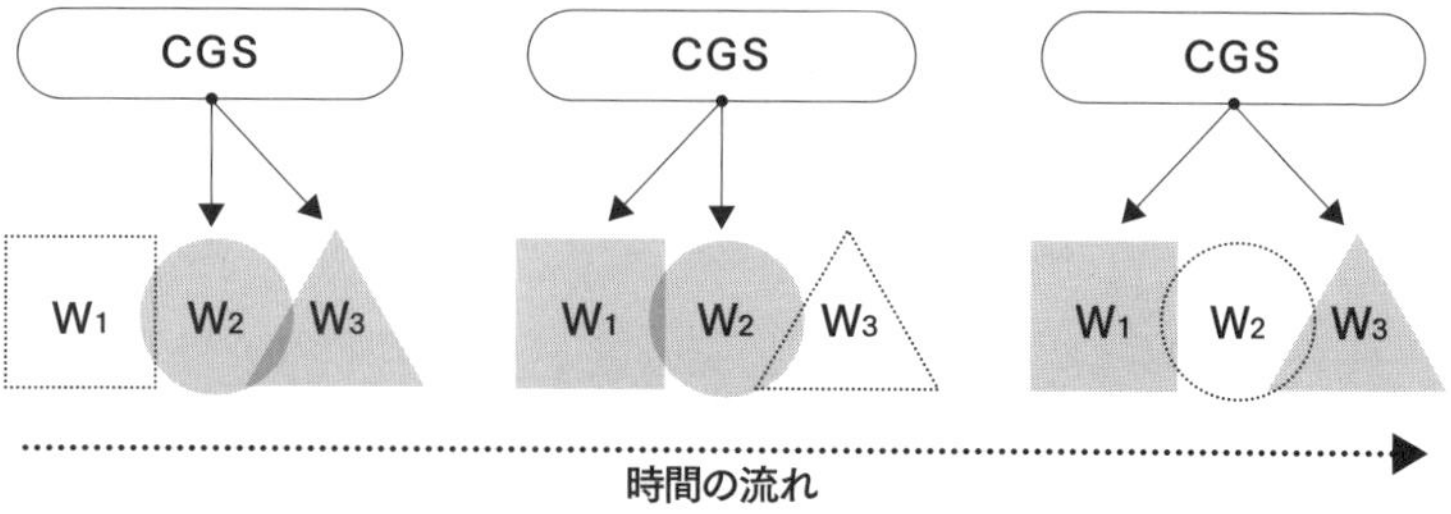

これら三つの世界に対して直接アプローチおよび間接アプローチを展開しても勝てない場合、最終的に撤退する勇気が必要である。あるいは、ブルー・オーシャン戦略でいう「賢明な移行」が必要となるだろう。

以上のようなキュービック・グランド・ストラテジーのイメージをより鮮明にするために、軍事の世界の事例を引き出してみたい。

2 ロンメルのキュービック・グランド・ストラテジー

軍事の世界で、マスター・オブ・ウォー（戦争の達人）といわれたのは、ドイツのエルビン・ロンメル以外にいない。ロンメルは、小隊から大軍団まで、あらゆるレベルの軍隊組織の指揮に卓越した能力を発揮した。その指揮官としての能力は、敵味方を問わず多くの人々から絶賛された。彼はまた、ドイツの伝統的な将校に見られる貴族的な振る舞いをした。そのため、敵軍から美しい戦いをする将軍と称賛された。

ロンメルの戦法は、本書で説明した三つの実在世界を意識した直接アプローチと間接アプローチを多才に操るキュービック・グランド・ストラテジーであった。以下、彼の戦略[注1]の一端を紹介したい。

2・1◉ロンメルの栄光への道

ロンメルは、一八九一年にシュッツットガルトの東方、ハイデンハイムの町に数学教師の長男として生まれた。地方の名家に生まれた彼は穏和で目立たない地味な少年時代を過ごしたが、青年期になると最高の地位まで上りつめたいという希望を抱き始め、権力と責任ある地位を渇望して士官候補生として歩兵連隊に入隊した。翌一九一一年、ダンチヒ士官学校に入学し、卒業後は予定どおり歩兵少尉となった。

当時のロンメルは、真面目で機敏で酒や女にはまったく関心のない典型的なドイツ人将校であった。食事も控えめで、不平を述べることはなかった。時折ぶどう酒を飲むぐらいで、タバコも吸わなかった。

一九一四年、第一次世界大戦が勃発した。ロンメルは北イタリアで敵の意表を突く山越えの迂回作戦を鮮やかに展開し、わずかな兵力でイタリア兵一五〇〇人以上を捕虜にした。この功績により、彼はプロイセン（当時）最高の勲章であるプール・ル・メリット勲章を授与された。これは、貴族や陸軍大学卒業の超エリートが授かる最高位の勲章であり、中尉だったロンメルにとっては、この上なく名誉なことであった。

この功績によって、ロンメルは大尉に昇進し、一時は参謀の職にも就いた。しかし、その後、彼はドイツ軍中央に上り詰めることはなかった。当時のドイツ軍は、プロイセン貴族出身の軍人と参謀本部付エリートによって完全に支配されていたからである。こうしたドイツの伝統的な軍隊組織にとって、ロンメルは単なる例外でしかなかった。

第一次世界大戦後、ロンメルはドレスデン歩兵学校の教官となり、一九三七年に『歩兵の攻撃』を出版した。これが、予想をはるかに超えた大ベストセラーとなった。そして、偶然、ヒトラーの目に留まり、ロンメルは一九三九年にヒトラーの護衛隊司令官に任命された。以後、ロンメルはヒトラーに後押しされて昇進していくことになる。

一九三九年三月のチェコ侵攻当時、歩兵大佐ロンメルは歩兵の専門家にすぎなかった。しかし、ポーランド侵攻後の一九四〇年二月、突如として第七装甲（戦車）師団長に志願し、ヒトラーはこれを受け入れた。ロンメルは、ポーランド戦における装甲師団の活躍を目の当たりにして、戦車兵科の将来性にいち早く目をつけていたのだ。当時、戦車師団の指揮を執りたいと望む将軍は大勢いた。それにもかかわらず、戦車部隊に一度も属したことのないロンメルを第七装甲師団長に任命するというこの人事に、伝統的なドイツ軍将校たちは批判的であった。

しかし、ロンメルはこの批判をかわしていった。彼は電撃的な西方作戦で陣頭指揮を執り、敵前線に突破口を開けるという功績を上げた。かの有名な「電撃戦《ブリック・クリーク》」である。

こうして、ポーランド戦ではまったく目立たなかった第七装甲師団は、ロンメルが師団長に着任した一九四〇年二月一五日から西方作戦が展開される同年五月一〇日までの三カ月間で、華麗に再編され、生まれ変わったのである。

2・2◉アフリカ戦線でのキュービック・グランド・ストラテジー

その後、ヒトラーからその功績を高く評価されたロンメルは、装甲師団長としてアフリカ戦線へ送り込まれることになる。当地でロンメルが展開した戦略は、三つの実在世界を対象とする新しい立体的大戦略、つまりCGSであった。CGSによって、ロンメルはアフリカ戦線で連戦連勝を収めた。そして、一九四二年、五〇歳というドイツ軍史上最年少の元帥が誕生する。この時ロンメルが展開したCGSは、以下のようにまとめることができる。

物理的世界での直接アプローチ

ロンメル流戦法の特徴の一つは、海軍の戦法を陸軍の戦法に応用する点にあった。ロンメルは、砂漠での戦いを海戦に見立てていた。砂漠という隠れることのできない戦場を戦車部隊が思いどおりに走れるようになれば、勝負の鍵は武器と用具の性能に依存することになる。ロンメルはいち早くこれに気づいた。そして、海戦において常に射程の長い大砲を持つ戦艦が優位に立つことを知っていた彼は、海軍の戦法が砂漠でも通用すると考えた。

陸軍参謀たちはこぞって海軍式戦法に反対したが、ロンメルは、「戦争に趣味や規則は必要ない。必要なのは必ず勝てる手段を発見して実行することだ」と毅然と言い放った。

ロンメルが採用しようとしていたのは、敵戦車の砲撃に威力の大きい八八ミリ高射砲である。防空用の高射砲は、本来、水平射撃ができる構造ではなかったが、これをできるように改良させた。結果を言えば、砂漠の戦いでドイツ軍の八八ミリ砲は威力を発揮した。それは、イギリス軍の戦車を貫通し、バターのように溶かしてしまったのだ。

ドイツ軍の八八ミリ砲による攻撃こそが、物理的世界におけるロンメルの直接アプローチ戦略だった。この大胆かつ意表を突くロンメルの進撃によって、ドイツ軍はアフリカ戦線を勝ち続けていった。

心理的世界での間接アプローチ

アフリカ戦線におけるロンメルの戦略は、物理的世界におけるイノベーションと直接的な力の行使だけではなかった。実は力を行使する前に、ロンメルはイギリス軍の心理的世界を間接アプローチで攻め立てていた。

一九四一年二月一二日、ドイツ・アフリカ軍団の司令官としてリビア戦線に着任するやいなや、ロンメルはイギリス軍の偵察に出た。そして、偵察後、トリポリに戦車工場を作らせ、〈フォルクスワーゲン〉に木枠を載せてキャンバスで擬装したニセ戦車を大量に作らせ、それを各所に配置してイギリス軍を牽制した。このニセ戦車は、遮蔽物のない砂漠では非常に大きな効果を発揮した。イギリス軍は心理的に完全に攪乱され、動揺したのである。

別の戦いでは、戦車隊を隊列の先頭に置き、砂煙を立てるだけの役割を果たす車を後続させて侵攻した。砂煙を見たイギリス軍は、「大軍襲来」と思い込み大混乱に陥った。砂煙の正体は、実はほうきや鎖を引きずった後続の車両によるものだった。このような心理作戦により、ロンメルは「砂漠の狐」と呼ばれて恐れられた。

ロンメルは部下に向かって「こちらの兵力が多いと敵に思わせることが、心理的に非常に効果がある作戦である」と繰り返し述べていた。それゆえ、彼は着任して一カ月後の三月に、トリポリで戦車部隊のパレードを大々的に行ってみせた。地元住民に紛れ込んだスパイに膨大な数の戦車を見せつけて、ドイツ軍の兵力を過大報告させるためであった。当時、ドイツ軍主力部隊はまだアフリカに到着していなかったが、戦車の数は膨大なものだった。実は、同じ戦車がパレードを何度も繰り返していたのだ。これがロンメルの心理的世界を対象とする間接アプローチであった。

知性的世界での間接アプローチ

さらに、ロンメルは戦闘前のイメージ戦略にも注力していた。それは、知性的世界を対象とする間接アプローチである。ロンメルは、自分に対するイメージが、部下だけではなく、敵に対しても効果的であることを比較的早い時期からはっきりと認識していた。

それゆえ、彼は堂々と振る舞い、格好よく見えるように細心の注意を払い、外出時は常にカメラマンを同行した。ロンメルに関する劇的な写真は、実はすべて演出されていた。彼は、積極的にポーズを取った。ロンメルの機嫌をよくするには、常にカメラマンを配置しておけばよい、とさえいわれた。

また、ロンメルは部下の士気を高め、しかも敵にドイツ軍は強いという観念を形成させるために、どんなに小さな戦いでも勝つことに執着した。勝利の機会を増やせば、部下の士気は上がり自信がつく。それゆえロンメルは、敵が優勢な場合や危険を察知した場合はけっして戦わなかった。必ず勝てる小規模な戦いだけを続け、ドイツ軍連勝、イギリス軍連敗という事実を積み重ねる戦法を取っていたのだ。

ロンメルの狙いどおり、やがてドイツ軍は自信をつけ、イギリス軍はロンメルに対する畏敬とロンメル率いるドイツ機甲軍団に対する必敗感を強めていった。そして、両国の軍人の間にロンメル不敗神話が形成された。

ロンメルは、常に前線の兵士たちと共にいた。兵士はロンメルを信頼し、彼の手足となって働いた。前線の兵士たちの間では、勝敗が決するような場面には必ずロンメルがいると噂された。トブルク要塞攻略作戦では、ロンメルの部隊が地雷に出くわし、動けなくなったことがある。その時、ロンメルは司令車を降りて、素手で地雷を掘り始めた。幕僚たちもそれに倣い、やっとのことで道が開けたという。ロンメルの左右にいた兵士が敵弾に撃たれたこともあったが、敵弾が彼を傷つけることはなかったという。こうして、ロンメルは不死身だという観念が形成された。そして、ドイツ軍の兵士たちは、ロンメルと共にあれば不可能は可能になると信じるようになった。ロンメルは伝説化したのである。

奇妙なことに、敵軍イギリス軍の兵士からもロンメルに敬意が払われた。イギリス人将兵は、ロンメルの鮮やかな戦いぶりに感動し、イギリス軍ではドイツ歌謡の「リリー・マルレーン」のメロディとロンメルの名は非常に人気があった。イギリス兵の間では、「ロメる」という新語が流行し、「立派に成し遂げる」という意味で使用されたようだ。イギリス軍の指揮官は、ロンメルを超人視してはならないと、兵士に何度も訓示した。イギリス首相ウィンストン・チャーチルも、「ロンメルめ、ロンメルめ」と歯ぎしりをしたという。

こうした固定観念が形成されたことで、「ロンメルが攻撃してくる」という噂が流れると、敵は最初から勝てないという観念を抱き、弱腰であった。ロンメル率いるドイツ軍がアレキサンドリアに迫った時も、「ロンメルが来る」という情報を得たイギリス艦隊は、もはやスエズ運河の運命は決まったと、即座に退避した。市民もまた逃げた。アレキサンドリアの守備隊も重要書類を焼き払って去った。

図表6-6◉ロンメルの同時進行型CGS

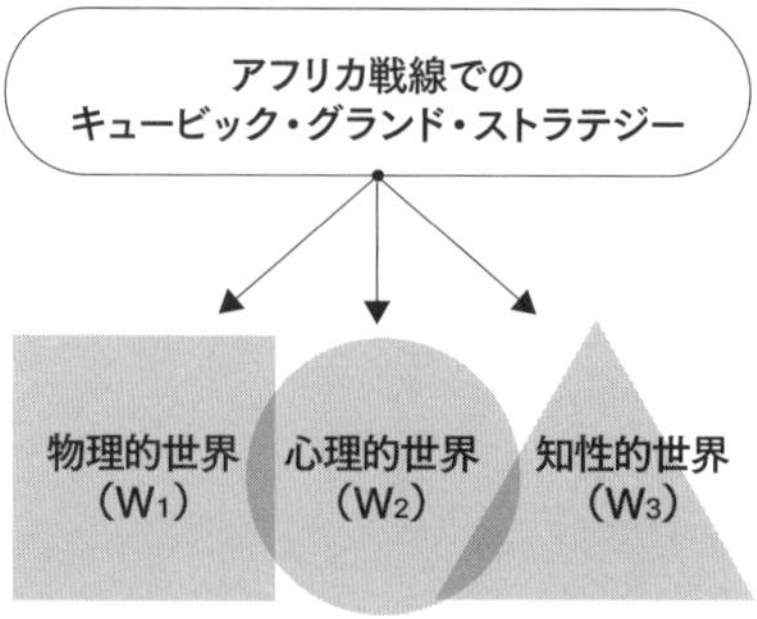

このように、アフリカ戦線で、ロンメルは物理的世界に対して直接アプローチ、心理的世界に対して間接アプローチ、知性的世界に対して間接アプローチを同時並行的に展開し(図表6-6参照)、鮮やかなキュービック・グランド・ストラテジーによる勝利を収めたのである。

2-3◉ロンメルの悲劇

一九四二年一〇月二三日、イギリス軍はドイツ軍に対して圧倒的な物量で総反撃を開始した。ドイツは独ソ戦で完全に消耗しており、ロンメルは補給が続かないアフリカ戦線のドイツ軍に勝ち目はないと判断して、ヒトラーにアフリカからのドイツ軍撤退の許可を求めた。

しかし、ヒトラーの返事は、勝利か死か、それ以外はない、という冷酷なものだった。ロンメルは、「総統は犯罪者だ。祖国ドイツが壊滅するまで戦うつもりか」と怒り、独断でドイツ軍の退却を命じた。

その後、ロンメルは病気を患い、ドイツで療養するが、再び戦線に復帰した。一九四四年、ヨーロッパ戦線は最終局面を迎えていた。東からはソ連軍が侵攻し、アメリカを中心とする連合軍はノルマンディに上陸した。フランス戦線にいたロンメルはもはやドイツ軍に勝機はないと判断した。そして、西部戦線最高指揮官会議において、再び勇敢にもヒトラーに進言した。ヒトラーは、ロンメルの主張に激怒した。これが、二人が会った最後であった。連合軍のノルマンディ上陸で、司令官としてドイツ軍を指揮したロンメルは重傷を負い戦線を離脱した。

ロンメルは、軍人としてヒトラーから高い評価を受けて昇進を重ねたが、政治とは常に一定の距離を置いていた。生涯ナチス党に入党せず、家族をヒトラーやナチス党の幹部に会わせることもなかった。彼は、何よりも家族を大切にしていた。前線にあったロンメルは、妻に一〇〇〇通に及ぶ手紙を出したといわれている。

一九四四年七月二〇日、ヒトラー暗殺未遂事件が起こった。摘発された犯行グループの計画では、ヒトラー後の指導者としてロンメルの名前が挙げられていた。そのため、ロンメルは戦争終結の画策者としての嫌疑がかけられた。一〇月一四日、ヒトラーの使者がロンメル邸を訪れた。そして、ロンメルが服毒自殺を図れば家族や部下には一切手を出さないという密約が交わされた。

ロンメルは、自宅付近の林に車を止め、使者から渡された毒薬を飲んだ。彼の服毒自殺がドイツ国民に知らされることはなかった。死因は「戦傷」によるものとして、ロンメルは国葬された。葬儀には、ヒトラーからの花輪が捧げられていた。戦争の達人ロンメル将軍の悲しい最期であった。

3 陸軍のエース山下奉文のキュービック・グランド・ストラテジー

だれが言い始めたかは不明だが、「マレーの虎」と呼ばれた日本の軍人がいる。日本陸軍のエース、山下奉文《やましたともゆき》である。太平洋戦争における海軍のスターが山本五十六《いそろく》ならば、陸軍のスターは山下であった。日本から見て正反対に位置するハワイ島とマレー半島という激戦地で、それぞれ大戦争の火ぶたを切る軍司令官を務めた。

特に、マレー半島における日本軍の鮮やかな勝利は、欧米では「東洋の電撃戦」と報じられた。日本軍完勝の立役者は山下であり、欧米メディアは彼を「日本が生んだ最高の将軍」と紹介した。その巨体や大きな目といった風貌から「マレーの虎」というあだ名がつけられ、英雄的なイメージが増幅された。

山下は、一見、荒々しく見えるが、実は猛獣とはかけ離れた人物だ。部下に対して細やかで厚い情を示す繊細な心の持ち主で、ヨーロッパでの生活が長かったため紳士的な振る舞いにも定評があった。

表面的な荒々しさの背後に繊細さを持った将軍、山下奉文率いる日本軍は、マレー攻略作戦では三つの実在世界に対して直接アプローチと間接アプローチを立体的に展開するキュービック・グランド・ストラテジーを実行した。[注2] この山下率いる日本軍のマレー攻略作戦での戦略を紹介したい。

3-1◉軍人山下の「不退転の決意」

山下奉文は、一八八五年（明18）一一月、開業医の父佐吉と母由宇の次男として高知県で生まれた。県立海南中学校、広島陸軍幼年学校、陸軍中央幼年学校を経て陸軍士官学校（一八期）を優秀な成績で卒業した。陸軍大学校では、成績優秀者に贈られる恩賜の銀時計を授与された。卒業後、三年間にわたってスイス、ドイツに駐在し、引き続きオーストリア大使館兼ハンガリー公使館付武官として海外で長く生活した。帰国してからは、少将、陸軍省軍事課長、調査部長と順調に出世街道を歩んだ。

ところが、一九三六年（昭11）二月二六日、事件が起きる。陸軍皇道派の青年将校らが起こした未曾有のクーデター、いわゆる二・二六事件である。

反乱軍の青年将校たちは、山下のかつての部下たちであった。中心人物の安藤輝三と野中四郎は、決起三日前に山下の自宅を訪ねて「決起趣意書」を見せた。山下は、これに関して生涯沈黙を守った。

二月二六日未明、青年将校たちは行動を起こした。閣僚数名が暗殺され、帝都東京には戒厳令が敷かれた。山下は政府と反乱軍との交渉役に任命され、二八日に、「兵は武器を置いて兵営へと帰還せよ」という「聖旨」を伝達した。

青年将校たちが、山下に身の振り方を尋ねると、山下はただ一言、「切腹せよ」と答えた。これを拒む青年将校に、山下は軽蔑の眼差しを向けた。山下にとって、武士道とは、失敗したあかつきには切腹をもって償うべし、というものであった。

とはいえ、山下は無慈悲な軍人ではない。青年将校らが反乱軍としてではなく義軍の名の下に自決することで、この事件を終息させたいと強く望んだ。そして、侍従武官長の本庄繁を訪ね、彼らが安んじて自決するために天皇陛下（昭和天皇）の慈悲をもって勅使を賜り、死出の栄光を与えてもらいたいと願い出た。本庄がこれを天皇に伝奏したところ、天皇は激怒したといわれている。「いかなる理由があろうと、反乱軍は反乱軍である。かくのごとき者に勅使などもってのほかである」。そして、皇道派の幹部として決起部隊に理解を示した山下に対して、「山下は軽率である」と厳しい言葉が浴びせられた。

これに山下は絶望し、軍を退く覚悟をした。しかし、川島義之陸軍大臣はじめ周囲からの慰留があり、軍に留まった。その後、一時は中国に左遷されたが、一九三七年（昭12）に日中戦争が起こると、再び活躍の場が与えられた。山下は、こうした戦況のなかでも、いつも「戦闘中に死にたい」と言っていたという。彼は、天皇陛下からの叱責を忘れたことがなかったのだ。

3・2◉マレー作戦のキュービック・グランド・ストラテジー

一九四二年（昭17）一一月、山下は五六歳で第二五軍司令官となり、太平洋戦争の緒戦マレー半島攻略作戦を指揮することになった。マレー作戦の最終目的は、シンガポール要塞の攻略であった。英米軍にとって、要塞の陥落は有力な反撃拠点を失うことを意味し、日本軍にとってはスマトラ島やジャワ島など蘭印（オランダ領東インド。現インドネシア）の資源地帯攻略にきわめて優位となる。

シンガポール要塞の攻略に当たって、陸軍が海上からではなくマレー半島を陸路縦断して背後から攻撃しようとしたのは、シンガポール要塞の弱点を衝くためであった。当時、シンガポール要塞は、海上からの攻撃に対して強力な三八センチ砲を配置し、難攻不落であった。しかし、背後のマレー半島南端のジョホールバルからの陸路攻撃に対しては、要塞砲を向けられないという弱点があった。

こうした状況を十分考慮して、山下率いる第二五軍は、❶マレー半島のコタバル、❷タイのシンゴラ、❸タイのパタニと三部隊に分かれ、それぞれ上陸作戦を開始した。最も早かったのはコタバルに上陸した侘美《たくみ》浩少将率いる支隊であり、真珠湾攻撃の一時間五〇分前に上陸し、イギリスに対して正式な宣戦布告をしないまま戦闘を開始した。こうして「東洋の電撃戦」と呼ばれるマレー攻略作戦が始まる。

当時の日本軍は、クラウゼヴィッツ流の直接アプローチ一辺倒の攻撃ばかりしていたと思われているが、事実は違う。日本軍は英印軍より、物理的な兵力数も武器の性能も劣り、その差は〈ダットサン〉と〈ロールスロイス〉のようであった。それにもかかわらず、日本軍が鮮やかな勝利を収めることができたのは、物理・心理・知性の三つの世界を対象とするキュービック・グランド・ストラテジーを展開したうえで、幸運が重なったからにほかならない。

心理的世界への間接アプローチ

マレー作戦では、イギリス軍と日本軍の心理状態はまったく異なっていた。幸いにもその違いが、日

図表6-7◉**日英軍それぞれの心理状態**

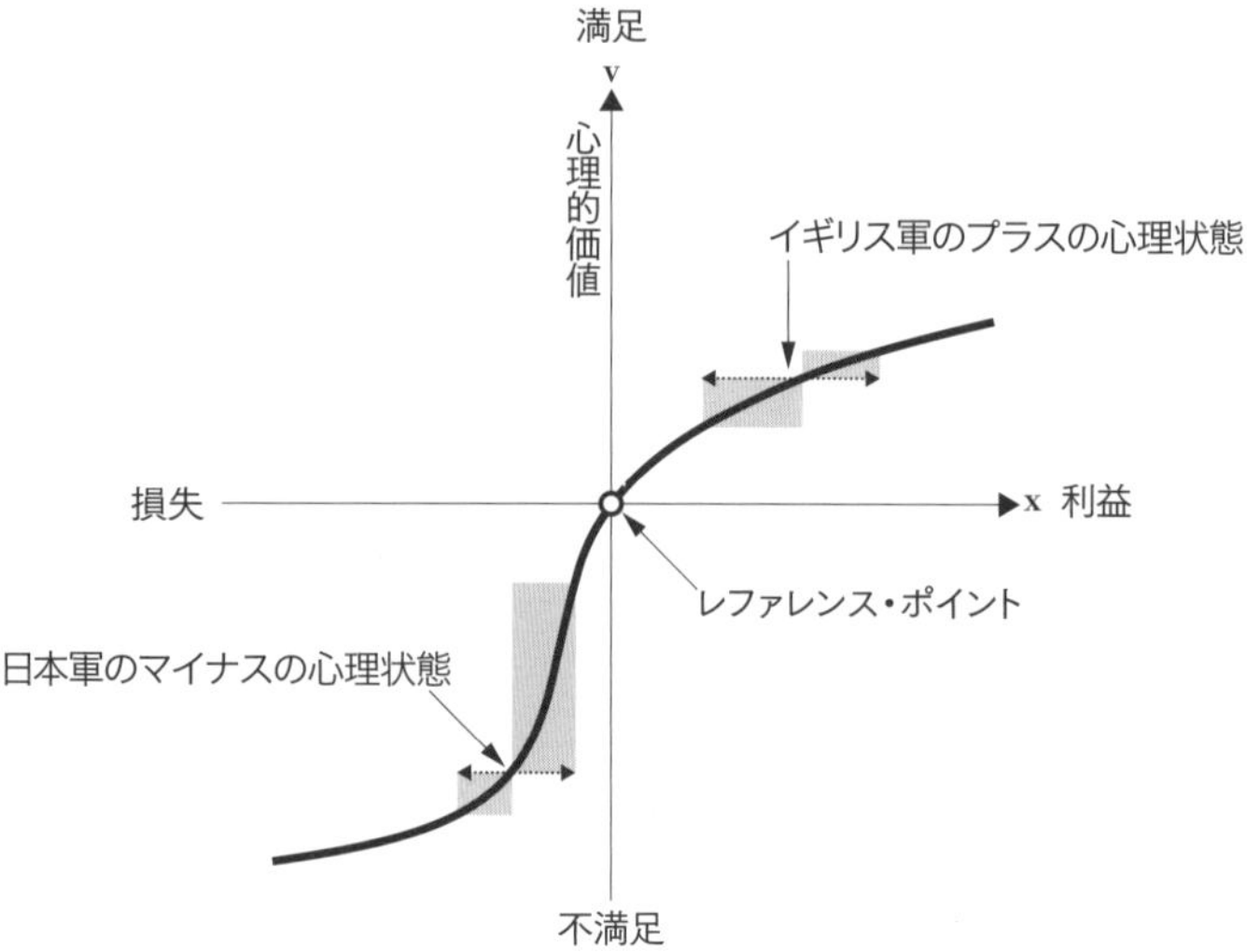

本軍の作戦を優位に導いた。

イギリス軍の戦前の心理状態は基本的にプラスの状況にあった。彼らはマレー、シンガポールの植民地支配に十分満足していたし、中国との戦争で疲弊している日本軍が戦争を起こすとは考えていなかった。たとえ日本軍が攻めてきても、兵力で劣る日本軍など恐るるに足らず、と思っていたのだ。

イギリス軍の心理的状況は、**図表6-7**のようにプラスの領域に表される。この心理状態で日本軍と積極的に戦って勝利しても、心理的価値はそれほど高まらない。半面、日本軍に敗退して少しでも優位な状況が損なわれれば、心理的価値は急激に低下する。このように、心理的観点から分析すれば、イギリス軍の心理状態はどうしても守勢に傾いている。実際、イギリス軍は、マレー半島に上陸した日本軍に抵抗を試みたが前進する気はなく後退し、最終的にシンガポールで徹底抗戦するという消極的な作戦を展開した。見方を変えれば、イギリス軍がこのような心理状態にあるうちに短期間で攻め込もうというのが、日本軍率いる山下の戦略でもあった。日本軍の上層部の心理状態は、イギリス軍のそれとはまったく逆で追い詰められていた。このままでは石油などの物資が輸入できなくなり、軍も国も自滅するしかないという状態であった。

山下は、日本の国力から考えて、長期戦を避け一気に片をつけ、欧米に支配されているアジア諸国からの支持と共感を取りつける必要があると考えていた。当時の山下および日本軍の心理状態は、**図表6-7**のマイナス領域に表される。このような心理状態では、イギリス軍との実戦で敗退しても心理的価値はそれほど下がることはないが、勝利して少しでも優勢となれば、心理的価値は一気に上昇する。それゆえ、山下はリスクを覚悟で積極的な作戦に打って出た。

マレー半島東岸は断崖地形が続き、当時、上陸作戦が可能な海浜はイギリス領マレー半島北東のコタバルとタイ領東南部のシンゴラ、パタニの三カ所だけだった。日本軍は、コタバルのイギリス軍飛行場を占拠して戦局を有利に進めたかったが、イギリス軍はコタバルに一個旅団を配置して、強固なトーチカ陣地[注3]を築いていた。

日本軍のコタバル上陸作戦では、制空権を奪取したうえで敵陣へ準備砲爆撃を加えるという正攻法も検討されたが、山下は、マレー作戦全体の所要日数を考えればそのような時間的余裕はないと、敵前上陸を敢行する強襲上陸作戦を決定した。

この強硬な作戦をめぐって、陸軍と海軍はもめにもめた。陸軍は部隊上陸の援護を海軍に求めたが、海軍はイギリス軍の航空攻撃による戦艦攻撃を恐れていた。こうした状況で、海軍司令長官の小沢治三郎《じさぶろう》が陸軍の作戦を承諾し、山下の作戦は実行された。

一九四一年（昭16）一二月八日、第二五軍は三部隊に分かれてマレー半島北端に奇襲上陸した。山下率いる第二五軍司令部と第五師団主力部隊、第一八師団によるタイ領シンゴラ、パタニへの上陸も同日同時刻に開始された。最難関と見なされていた佗美支隊によるコタバル上陸も、淡路山丸、綾戸山丸、佐倉丸の三隻と護衛艦隊に分乗して開始された。

コタバルの海岸線では、英印軍から激しい攻撃を受けたが、佗美支隊は八日夜には夜襲による白兵突撃によって飛行場を制圧した。英印軍は、物理的観点からすれば優れた武器を備え有利であったが、日本軍の銃剣突撃・肉弾突撃に心理的に圧倒されてしまった。佗美支隊は、翌年一月三日までに東海岸の要衝クアンタンを制圧し、第二五軍主力と合流した。

タイ領内のシンゴラおよびパタニに上陸した第二五軍主力の第五師団、第一八師団、近衛師団はタイ領内の通過を申し入れ、上陸したその日に協定を締結してタイ領を無事通過した。ところが、最大の難所といわれるタイ・マレー国境近くのジットラに進むと、英印軍が狭隘《きょうあい》な地形を利用して、兵力六〇〇〇人と戦車九〇両をもってジットラ・ライン（陣地）を構築していた。

一二月一〇日、恐れを知らない佐伯静雄大佐率いる挺身隊は、数十台の戦車と装甲車に分乗し、ジットラ・ラインに突撃した。ほとんど勝ち目のない攻撃であった。ところが、六〇〇人程度の兵力で、しかも二日でこれを突破してしまった。大本営ですら予想もしない驚愕の勝利であった。そこには、後で述べるように別の戦略が展開されていのだ。

ゲマスでオーストラリア第八師団の逆襲を受けて壊滅するという一戦もあったが、日本軍はその後も快進撃を続け、一九四二年（昭17）一月三一日、五五日でマレー半島一一〇〇キロを横断し、半島南端のジョホールバルに到達した。まさに、日本軍の精神力をよりどころとする心理的世界の戦いだった。

物理的世界での直接アプローチ

マレー作戦の成功要因は心理的要因だけではない。日本軍には、白兵突撃一本槍という印象があるようだが、マレー作戦で山下は物量作戦でイギリスの裏をかく作戦を成功させていた。

山下の戦略思考は、敵の増援が完備しないうちに素早く勝敗を決するというものだった。対するイギリス軍は、抵抗して時間を稼ぎ、大小二五〇本の河川にかかる橋梁を逐次爆破して後退し、最後的にシンガポールの大決戦に持ち込む戦略を立てていた。

山下は、イギリス増援部隊の到着前に勝利を確定し、橋が破壊される前に進軍するため、兵士輸送のトラックを第五師団に八六〇両、近衛師団に六六〇両配置した。徒歩での進軍が当たり前だった日本陸軍にとって、このような兵站《へいたん》作戦は異例だった。トラックに乗れない兵士は自転車で移動した。マスコミはこれを「銀輪部隊」と呼んだ。

当時の日本軍の常識では考えられないほど、山下率いる第二五軍は機械化・集団化されていた。自転車歩兵は一日数十キロから一〇〇キロ近く進撃し、英印軍の予想をはるかに超えたスピードでマレー半島を走り抜けた。物理的世界における戦略的行動でも、英印軍を圧倒していたのだ。

知性的世界への間接アプローチ

さらに、日本軍は英印軍との直接的な戦闘によって発生する膨大な戦闘・交戦コスト、すなわち取引コストを節約し、早期に戦闘を終結させるために、水面下でイギリス軍の内部分裂を目論む知性的世界での間接アプローチ戦略を進めていた。当時、イギリス軍の下級下士官と兵隊のほとんどがインド人であった。日本軍はそこに目をつけた。陸軍参謀本部所属の藤原岩市《いわいち》少佐を機関長とする特務機関「F機関」によって、インド兵を味方に引き込む戦略が遂行されたのだ。

F機関の任務の対象には、反英的なマレー人や中国人も含まれていたが、最も成果を上げたのが、対インド人工作であった。当時のマレー人にはまだ国家建設という気概はなく反英意識も弱かった。中国人も祖国が日本軍と戦っていることから、祖国を援助するイギリスに対する反感など毛頭なかった。一方、インド人はイギリスからの独立に燃えていた。マハトマ・ガンジーが率いた非暴力による独立運動が燃え盛った一九三〇年代以降、インドでは独立運動が激化していたのである。開戦前から、F機関はタイ国内にまで広がりを見せていたインド独立連盟と協力して工作活動に当たり、インド兵の寝返り作戦を進めていた。

F機関によるこの間接アプローチ作戦は、マレー作戦で功を奏した。日本軍がイギリス領マレー連邦

図表6-8◉山下奉文の時間差重層型CGS

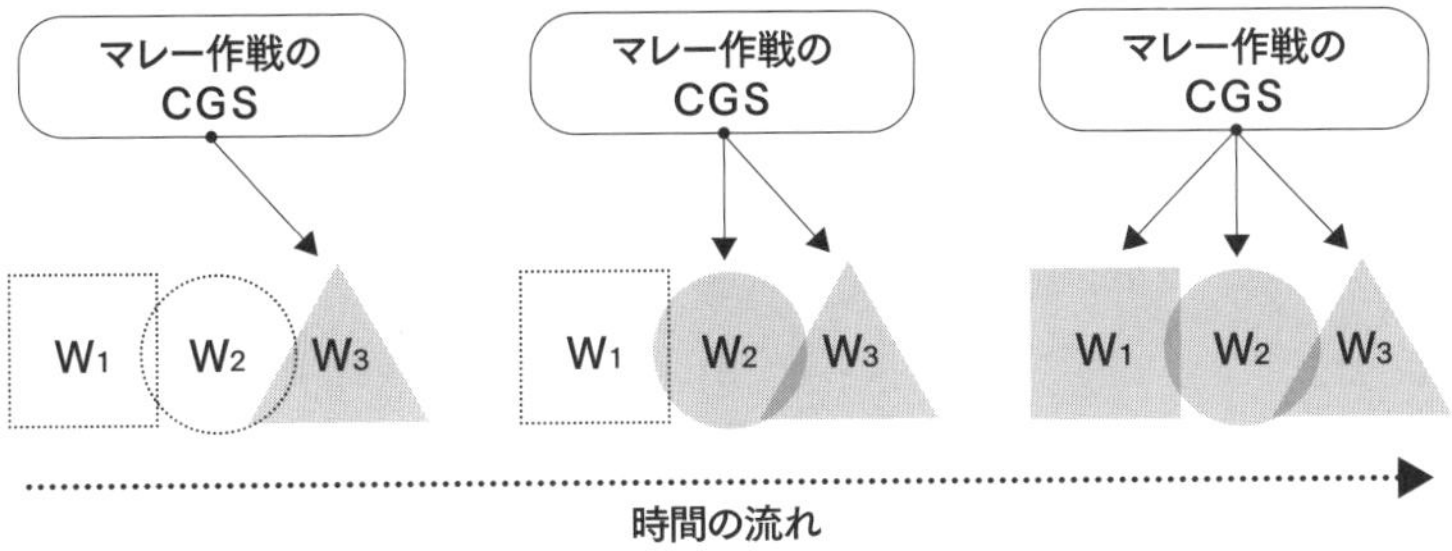

の首都クアラルンプールを占領した一九四二年（昭17）一月一一日、寝返ったインド兵を中心とするインド国民軍はタイピンで結成式を挙げた。司令官に就任したのは、鉄壁といわれたジットラ・ラインで守備に就いていたモハン・シン大尉だった。

こうして、日本陸軍のエース山下は、「東洋の電撃戦」と呼ばれる名作戦でマレー半島を攻略した。そこで展開された日本軍の戦略は、一見、物理的世界上でいたずらに攻撃する荒々しい直接アプローチ戦略一辺倒であったかのように見られているが、実際にはそうではなかった。

山下は、性格を地で行くような、綿密に練られた三つの世界を対象とする時間差重層型CGSを展開していた。山下率いる日本軍は、**図表6-8**のように、インド兵の寝返りを画策する知性的世界への間接アプローチ戦略（W_3）に始まり、イギリス軍兵士の心理的世界を対象とする間接アプローチ戦略（W_2）、そして、トラック・自転車輸送による物理的世界を対象とした直接アプローチ戦略（W_1）を展開し、想像を超えた早さでマレー半島を攻略できたのである。

3-3◉山下悲劇の最期

マレー作戦後、山下率いる日本軍はシンガポールを攻略した。英印軍アーサー・パーシバル司令官は降伏し、山下は「マレーの虎」と報道され、日本はもちろん世界的な英雄となった。

しかし、山下にとって不幸だったのは、東条英機首相兼陸相から嫌われたことである。本来なら東京で提灯行列のなかを凱旋したはずの山下が、帰国することもなくシンガポールから満州の第一方面軍司令官として大陸に残された。山下に対する陸軍のこの扱いに対して、山下の幕僚は激怒した。しかし、山下は「満州の重しがわしにお似合いだ」と言い残し、任地に向かった。

山下クラスの軍司令官が新しい任務地に就任する際は、天皇陛下に拝謁し、戦況上奏と親任式が行われるという慣例があった。しかし、山下の第一方面軍司令官任命では、軍人として最高の栄誉ともいうべき親任式は省略された。マレー作戦の成功で国民的英雄となった山下に、天皇が拝謁の機会を与えなかったのは、二・二六事件における山下の言動が原因であったといわれている。

一九四四年（昭19）、日本の敗色が濃厚となると、陸軍のエース山下奉文は再び表舞台に登場する。第一四方面軍司令官に起用され、日本軍が占領するフィリピンの防衛戦の指揮を命じられたのだ。この時、山下は日本の敗北を予期し、みずからの最期も覚悟した。

赴任前、中国から東京に立ち寄った山下は、帰国して二日後にフィリピンに出発する日程を知り激怒する。またしても、天皇に拝謁する親任式が設定されていなかったのだ。陛下はそれほどまで自分を嫌っておられるのか、と身にしみて感じたが、死を覚悟していた軍人山下にとってそれはあまりにも過酷な仕打ちであった。山下は参謀総長の梅津美治郎《よしじろう》大将と会い、みずからの想いを伝え、武士の情けを請うた。梅津の介在により、山下はついに出発前に天皇皇后両陛下に拝謁する機会を得た。拝謁後、山下は、自分の生涯で最も幸福な時だった、と侍従長に告げたという。

山下は、天皇に忠実な男であった。戦地では、東京の方向を磁石で調べて、自分の机を常に皇居に向けて据えていた。天皇の御前にいるつもりで、部下を指揮していたのだ。

一九四五年(昭20)、山下は遠くフィリピンの地で日本降伏の玉音を傍受した。持久戦を続けていた山下は、九月三日にバギオで投降した。当初は捕虜として扱われたが、すぐに戦犯としてマニラで軍事裁判にかけられた。そして、フィリピン全土での日本兵による住民虐殺・拷問・略奪など、身に覚えのない罪名で死刑判決を受けた。この時、山下は一切の弁明をせず、「私に責任がないわけではない」「私が自決したのでは責任を取る者がいなくて残った者に迷惑をかける」と紳士的な態度を貫いた。

山下に対しては、原告側からも同情的な意見が出た。しかし、アメリカ最高裁は六対二で山下の絞首刑を決定した。山下軍司令官の参謀長だった武藤章中将が、「なぜ、名誉ある第一四軍方面軍司令官山下大将を軍人らしく銃殺刑にしてやらないのか」とむせび泣き、弁護人を通して厳重に抗議したが聞き入れられなかった。一九四六年(昭21)二月二三日、山下奉文は、軍服着用も許されず囚人服のまま、マニラ郊外で処刑された。

【注】

1. ロンメルの事例については、David Irving, *The Trail of the Fox*, Wordsworth Military Library, 1977.（邦訳『狐の足跡（上・下）』早川書房、一九八四年）、Basil Henry Liddell Hart, *The Rommel Papers*, Da Capo Press, 1953.（邦訳『ロンメル戦記』読売新聞社、一九七一年）、Heinz Werner Schmidt, *With Rommel in the Desert*, Albatross Publishing, 1951.（邦訳『ロンメル将軍』角川書店、一九七一年）、田辺英蔵『統率のパラドックス』（ダイヤモンド社、一九八三年）を参考にした。
2. 山下奉文の事例については、防衛庁防衛研修所戦史室『戦史叢書　マレー進攻作戦』（朝雲新聞社、一九六六年）、陸戦史研究普及会編『マレー作戦　第二次世界大戦史』（原書房、一九六六年）、半藤一利『指揮官と参謀』（文藝春秋、一九九二年）、児島襄『指揮官』（文藝春秋、一九七一年）、岡田益吉『日本陸軍英傑伝』（光人社、一九七二年）を参考にした。
3. コンクリートで覆った小型の防御陣地。内部には、敵を迎撃するために軽機関銃や砲の銃口が設けられている。

第7章

キュービック・グランド・ストラテジーの原理とBSC化

1 キュービック・グランド・ストラテジーの原理

1・1◉多元的人間観、多元的会計、不条理

本書では、カール・ライムント・ポパーの多元的世界観[注1]に基づき、人間は三つの世界――物理的世界、心理的世界、知性的世界――に関わっていると仮定してきた。しかも、人間は三つの世界それぞれでコスト・ベネフィットを計算し、それらを合計して、よりメリットが多くなる行動を選択するものと考えられる。

たとえば、顧客がある製品を購入する場合、顧客が獲得する物理的ベネフィットをB_1としよう。顧客は製品を購入することで、保有する資産（物理的価値）が増えるが、一方で購入するコスト（製品価格）も負担する。会計上に表れるそのコストをC_1とする。

同じように、その製品を購入することで顧客が固有のレファレンス・ポイントを基に獲得する心理的ベネフィットをB_2とし、購入に際して顧客が負担する心理的コストをC_2で表す。これらが心理的世界で

図表7-1◉**3つの世界のコスト・ベネフィット**

（－） 多元的損益計算	（＋）
C_1＝物理的世界でのコスト	B_1＝物理的世界でのベネフィット
C_2＝心理的世界でのコスト	B_2＝心理的世界でのベネフィット
C_3＝知性的世界でのコスト	B_3＝知性的世界でのベネフィット

顧客が負担するコスト・ベネフィットである。心理的世界では心理会計が展開され、厳密な計算がなされないかもしれないが、顧客はコスト・ベネフィットを瞬時に計算して、その心理的価値を「気が晴れた」「気が進まない」などと表現するかもしれない。

最後に、同じ製品を顧客が購入することで獲得する知性的ベネフィットをB_3とし、知性的世界で顧客が負担するコスト（多くは取引コストである）をC_3とする。知性的世界でも、厳密な計算が成り立たないかもしれないが、顧客はコスト・ベネフィットを瞬時に計算して、その価値を「コストがかかる」「抵抗がない」などと表現したりするかもしれない。

多元的世界に生きる限定合理的な人間は、**図表7-1**のように、限られた能力の下でこれら三つの世界で負担するコスト・ベネフィットを合計し、総コスト（$C_1+C_2+C_3$）より総ベネフィット（$B_1+B_2+B_3$）が大きくなるような行動を選択するものと思われる。

たとえば、顧客がある製品を購入する際、コスト・ベネフィットを瞬時に計算して、総ベネフィットが総コストよりも大きい場合には実際に製品を購入するものと考えられる。

$C_1 + C_2 + C_3 < B_1 + B_2 + B_3$ → 顧客は製品購入というアクションを起こす

この考えを応用すると、たとえある製品をめぐって顧客が負担する物理的世界のコストC_1よりもベネフィットB_1が大きくても、顧客がその製品を購入するとは限らないことがわかる。だれが見ても購入したほうが得な商品だとしても、である。

物理的世界　$C_1 < B_1$

その理由は、顧客が心理的世界で負担する心理的コストC_2が心理的ベネフィットB_2より大きく、知性的世界で負担するコストC_3もベネフィットB_3より大きいからである。

心理的世界　$C_2 > B_2$
知性的世界　$C_3 > B_3$

この場合、顧客にとっての総コスト・ベネフィットはマイナスになる。

$C_1 + C_2 + C_3 > B_1 + B_2 + B_3$ → 顧客はアクションを起こさない

このことから、多元的な人間世界では不条理な現象[注2]が起こることが理論的に説明できる。たとえば、ある企業が物理的世界の観点からすれば明らかに非効率的で会計上のコストが高いという状況にあり、経営の効率化に迫られているとしよう。この場合、現状を変化させることによって心理的世界と知性的世界で高いコストが発生するならば、経営者は「合理的」に非効率的な現状に留まり、変化しないことが合理的であるという「不条理な決定」に陥ってしまうことになる。

同様に、物理的世界の観点から、愛用するある製品について顧客が現在負担するコストC_1がベネフィットB_1より大きいとしても、顧客はその製品を購入し続けるかもしれない。

物理的世界　C_1　$\vee$　B_1

このような製品市場では、物理的世界のコストC_1よりもベネフィットB_1のほうが高い製品を開発した企業が、この市場を簡単に支配できると思われるかもしれないが、その判断は危険である。なぜなら、顧客の心理的世界と知性的世界の観点からすれば、現状に留まってその製品を買い続けるほうが、ベネフィットは大きい可能性があるからである。

心理的世界　C_2　$\wedge$　B_2

知性的世界　C_3　$\wedge$　B_3

したがって、三つの世界で発生するコスト・ベネフィットを合計すれば、依然として総コストよりも総ベネフィットが大きいために、物理的世界の観点からは非効率的な購買行動に見えても、消費者にとっては現状の製品を買い続けるほうが合理的な行動となる。

$$C_1+C_2+C_3 < B_1+B_2+B_3$$ → 現状に留まる

以上のことから、物理的世界を対象とした一面的な戦略だけを展開する企業は、心理的世界や知性的世界での変化に対応できず、淘汰される可能性が高いといえる。逆に、心理的世界や知性的世界だけを対象とした戦略を展開していると、物理的世界で大きな変化が起こった時、淘汰されてしまう可能性があるのだ。

それゆえ、多元的な世界のなかで生きる現代企業は、多元的世界を対象とする立体的大戦略《キュービック・グランド・ストラテジー》（CGS）を講じなければ生き残れない。その基本原理が、自社製品の購入をめぐって顧客が負担するコスト・ベネフィットの総和をプラスの状態にすることである。つまり、顧客が獲得する総ベネフィットを高め、総コストを減らす戦略である。

ここでは、物理的・心理的・知性的な三つの世界で顧客が負担する総コストを下げうる方法に限定して、次の二つのケースについて考えてみたい。

図表7-2◉**戦略パターン1：競合企業がいない場合**

現状		戦略展開
$C_1 + C_2 + C_3$	>	$C_1\downarrow + C_2\downarrow + C_3\downarrow$
$C_1 + C_2 + C_3$	>	$C_1\downarrow + C_2\downarrow + C_3$
$C_1 + C_2 + C_3$	>	$C_1\downarrow + C_2 + C_3\downarrow$
$C_1 + C_2 + C_3$	>	$C_1 + C_2\downarrow + C_3\downarrow$
$C_1 + C_2 + C_3$	>	$C_1\downarrow + C_2 + C_3$
$C_1 + C_2 + C_3$	>	$C_1 + C_2\downarrow + C_3$
$C_1 + C_2 + C_3$	>	$C_1 + C_2 + C_3\downarrow$

1-2◉戦略パターン1：競合企業がいない場合

競合企業がまだ市場を占有していない場合、いかにして顧客の支持をいちはやく獲得するかが問題となる。この場合、自社製品の購入における顧客が負担する総コスト（C_1＋C_2＋C_3）を立体的に下げるCGSが有効となる。

論理的に可能な方法は、三つの世界でのコスト、物理的コストC_1、心理的コストC_2、知性的コストC_3のすべてを下げる、あるいは、C_1とC_2、C_1とC_3など二つの世界だけでコストを下げる、もしくは一つの世界だけを対象として顧客のコスト負担を減らす、の三つである。**図表7-2**のように、それには七つのパターンが考えられる。

そのうえで、次の三つのいずれかを与えられた状況に応じて採用すればよい。

❶同時進行型CGS：物理・心理・知性の世界を対象とした三つの戦略を同時に進行する。
❷時間差重層型CGS：時間差で一つひとつの戦略を重層的に展開する。
❸時間差単層型CGS：時間差で一つひとつの戦略を単層的に代替的に展開する。

このように、顧客のコスト負担を下げることで、顧客の支持を得る戦略が、競合企業がいまだいない場合のキュービック・グランド・ストラテジーとなる。

1-3◉戦略パターン2：競合企業がいる場合

競合企業がすでに市場を支配している場合の原則は、競合企業がいないパターンと基本的には同じである。すなわち、CGSの目的は、あくまで自社製品の購入をめぐる顧客のコスト負担を削減することである。

競合企業がいない場合と同じCGS❶～❸によって、自社製品のコストを下げれば、競合企業の製品をめぐる顧客のコスト負担は間接的に高まることになる。これは、競合企業の製品に対する顧客の支持を自社製品が勝ち取り、ライバルを自滅させるという戦法である。

競合企業がいない場合と異なるのは、いわゆる「嫌がらせ」戦略が可能なことである。それには、競合企業の知性的コストC_3、つまり取引コストを高めるアプローチを取ればよい。たとえば、販売店で

図表7-3◉戦略パターン2：競合企業がいる場合

自社			競合企業
自社の現状	戦略展開後の状態		競合企業の状態
$C_1 + C_2 + C_3$ ＞	$C_1\downarrow + C_2\downarrow + C_3\downarrow$	➡	$C_1\uparrow + C_2\uparrow + C_3\uparrow$
$C_1 + C_2 + C_3$ ＞	$C_1\downarrow + C_2\downarrow + C_3$	➡	$C_1\uparrow + C_2\uparrow + C_3$
$C_1 + C_2 + C_3$ ＞	$C_1\downarrow + C_2 + C_3\downarrow$	➡	$C_1\uparrow + C_2 + C_3\uparrow$
$C_1 + C_2 + C_3$ ＞	$C_1 + C_2\downarrow + C_3\downarrow$	➡	$C_1 + C_2\uparrow + C_3\uparrow$
$C_1 + C_2 + C_3$ ＞	$C_1\downarrow + C_2 + C_3$	➡	$C_1\uparrow + C_2 + C_3$
$C_1 + C_2 + C_3$ ＞	$C_1 + C_2\downarrow + C_3$	➡	$C_1 + C_2\uparrow + C_3$
$C_1 + C_2 + C_3$ ＞	$C_1 + C_2 + C_3\downarrow$	➡	$C_1 + C_2 + C_3\uparrow$

競合企業の製品を締め出し、自社製品だけを陳列させるなど、顧客が競合企業の製品を入手できない状態を作り出せば、競合企業と顧客との間の取引コストを高めることができるだろう。郵便局はかつて、コンビニエンス・ストアで〈ゆうパック〉の販売を開始するに当たって、結果的に宅配業者をコンビニから排除するという戦法を採ったことがある。

競合企業が存在する場合でも、自社製品のコストを下げれば、相手企業のコストは相対的に増加する。逆に、相手がコストを下げればこちらのコストは相対的に増加する。まさに、〈オセロゲーム〉さながらの対決である。この状態は、**図表7-3**で表される。これら七つの戦略パターンを時間の経過と共に効果的に実行するのがキュービック・グランド・ストラテジーである。

ここで重要なのは、戦略の目的は、あくまでも自社製品をめぐる顧客のコスト負担を減少させる、という点である。競合製品をめぐるコスト負担を相対的に増加させたり、競合企業を撃滅し、競合企業を排除したりしても、最終的に自社製品が顧客に支持されなければ、どんな戦略も失敗である。

2 キュービック・グランド・ストラテジーの戦略マップ

2-1◉戦略のロード・マップ

キュービック・グランド・ストラテジーの原理を理解したところで、その実行に必要なツールとして「戦略マップ」を紹介したい。これは、競合企業と自社の戦略的状況を確認すると同時に、自社が勝利を得るためにこれからどのような戦略を立体的に展開すべきかについてのロード・マップを、パブロ・ピカソの絵のように平面上に描き出すものである。

その前提として、戦略マップを形成するために必要な事柄を以下のように記号化する。

■：物理的世界における顧客の現状のコスト負担

□：何らかの戦略を実行したことで削減された、物理的世界における顧客のコスト負担

図表7-4◉キュービック・グランド・ストラテジーの戦略マップ

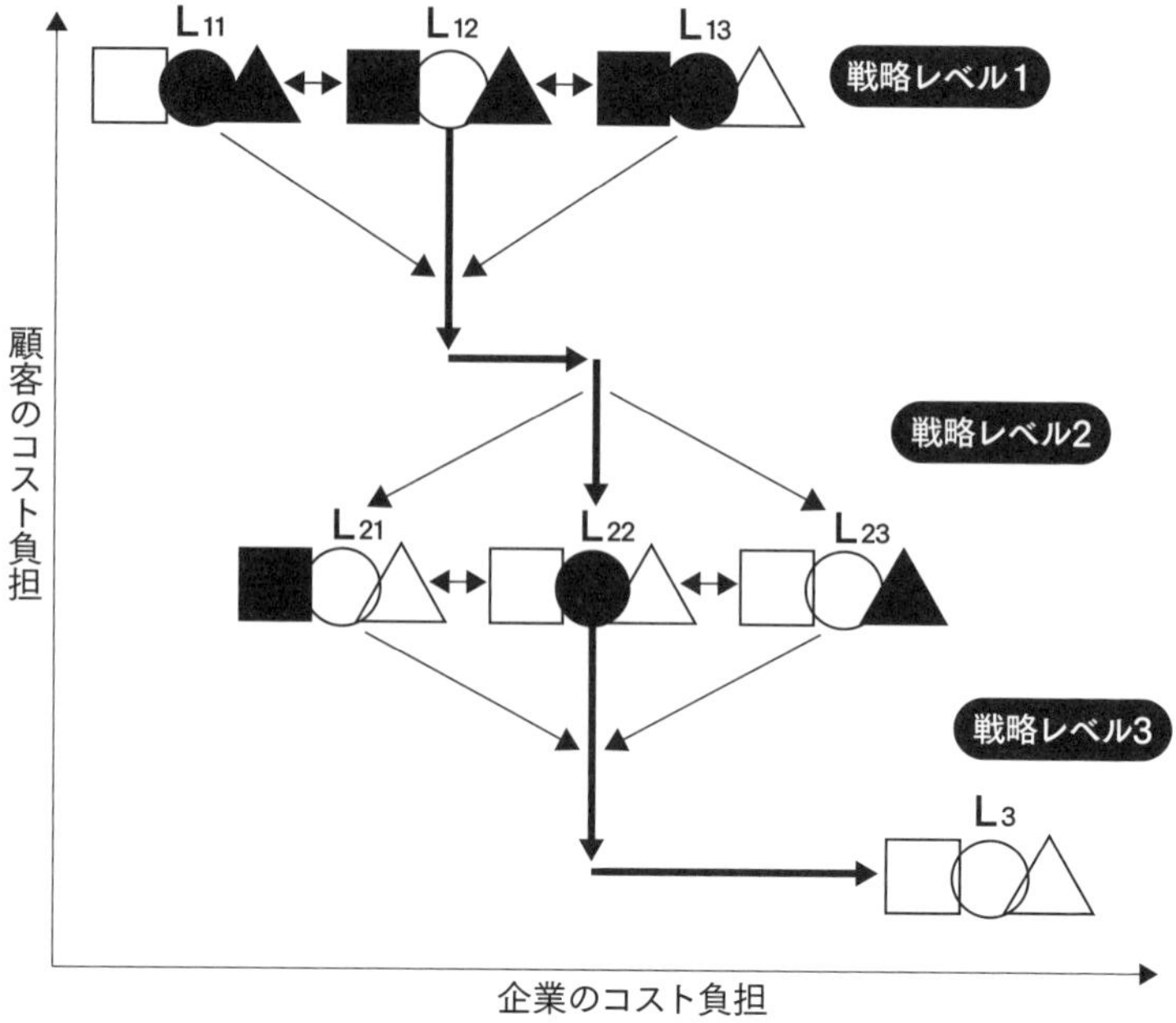

●：心理的世界における顧客の現状のコスト負担

○：何らかの戦略を実行したことで削減された、心理的世界における顧客のコスト負担

▲：知性的世界における顧客の現状のコスト負担

△：何らかの戦略を実行したことで削減された、知性的世界における顧客のコスト負担

図表7-4は、これらの記号を用いて描いた戦略マップである。横軸は企業が戦略を遂行するのに必要なコスト・レベルを示す。まず、物理的世界、心理的世界、知

性的世界のうち、いずれか一つの世界だけを対象として顧客のコスト負担を軽減する戦略は、論理的にL_{11}（□●▲）、L_{12}（■○▲）、L_{13}（■●△）の三種類である。これを「戦略レベル1」とする。同様に、二つの世界だけを対象として顧客のコスト負担を下げる戦略も、L_{21}（■○△）、L_{22}（□●△）、L_{23}（□○▲）の三種類である。これを「戦略レベル2」とする。そして、三つの世界を対象として顧客のコスト負担を下げる「戦略レベル3」の戦略は、L_{3}（□○△）の一種類である。これらの戦略を遂行するにはいずれも企業側にコストが発生する。そのコストは、戦略レベル1よりも戦略レベル2が高く、戦略レベル2よりも戦略レベル3が高い。

一方、縦軸は、顧客が三つの世界で負担する総コストを表す。顧客が負担するコストは、戦略レベル1よりも戦略レベル2のほうが、また戦略レベル2よりも戦略レベル3のほうが低い。それゆえ、**図表7-4**のように、右下がりの図が形成される。

戦略マップは、競合企業がどのような戦略的状況で、どのような戦略を展開しているのかを表すので、それに対応した今後の自社のロード・マップを形成することができる。

たとえば、現在、自社が展開している戦略が戦略レベル1のL_{11}ならば、今後は重層的に戦略レベル2のL_{22}もしくはL_{23}を展開し、最終的に戦略レベル3のL_{3}へ到達するロード・マップを描くことができる。また、戦略レベル1のL_{11}からL_{12}かL_{13}へと展開し、その後、戦略レベル2のL_{21}やL_{22}を展開することも可能である。その選択は、競合企業の戦略レベルに応じればよい。ここでは、競合企業を考慮して、次の二つのケースについて考えてみたい。

図表7-5◉競合企業がいない場合の戦略マップ

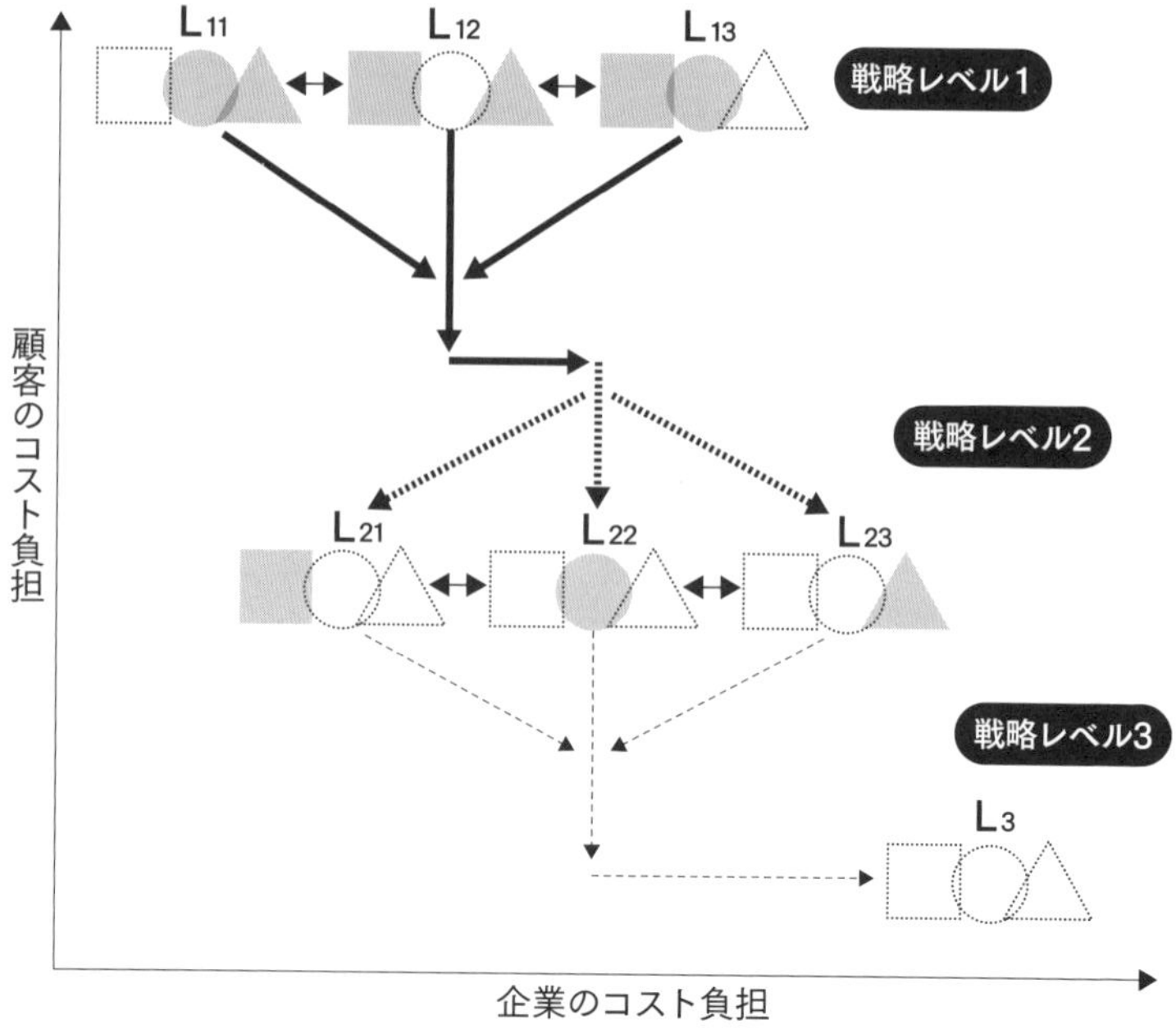

2-2◉競合企業がいない場合のロード・マップ

競合企業がいない新市場に参入する場合、戦略的アプローチの対象は消費者（ユーザー）だけである。したがって、自社製品が消費者に支持されるためには、自社製品の購入をめぐる顧客のコスト負担を多元的に減らすことが重要となる。

このケースでは、はじめから戦略レベル3の戦略、つまり三つの世界を対象として顧客が負担するコストを立体的に同時進行的に減らす戦略的アプローチを取る必要はない。企業にとって、それはコスト負担が大きい戦略なので、**図表7-5**のように、戦略レベル1の戦略L_{11}、L_{12}、L_{13}から着手すればよい。試行錯誤の結果、戦略レベル2へと重層的に移行し、最終的に戦略レベル3へと到達するようなロード・マップを描くことができるかもしれない。

レベル1の戦略（L_{11}、L_{12}、L_{13}）によって、多くの消費者が自社製品を購入すれば、その戦略は成功である。逆に、消費者に見向きもされなければ、コストをかけても戦略レベル2へ移行し、自社製品の購入に伴う顧客のコスト負担を平面的に低下させる必要がある。それでもなお、顧客が自社製品を購入しなければ、さらに戦略レベル3へと進む必要がある。

いずれも利益が上がらない場合には、企業には予算制約があるので、早急に市場から撤退し、製品見直しを含む根本的変革が要求されるだろう。

2-3◉競合企業がいる場合のロード・マップ

競合企業がすでに存在する場合は、競合企業がどのレベルの戦略を展開しているかを分析し、それに対応して予算制約内で自社の戦略を決定する必要がある。つまり、戦略の方向性は、競合企業のポジションに依存することになる。

たとえば、競合企業が戦略レベル3を展開し、すでに市場を支配しているとしよう。この場合、新規参入はかなり難しいだろう。しかし、**図表7-6**のように競合企業が戦略L_{11}だけを展開している場合に

図表7-6◉競合企業がいる場合の戦略マップ

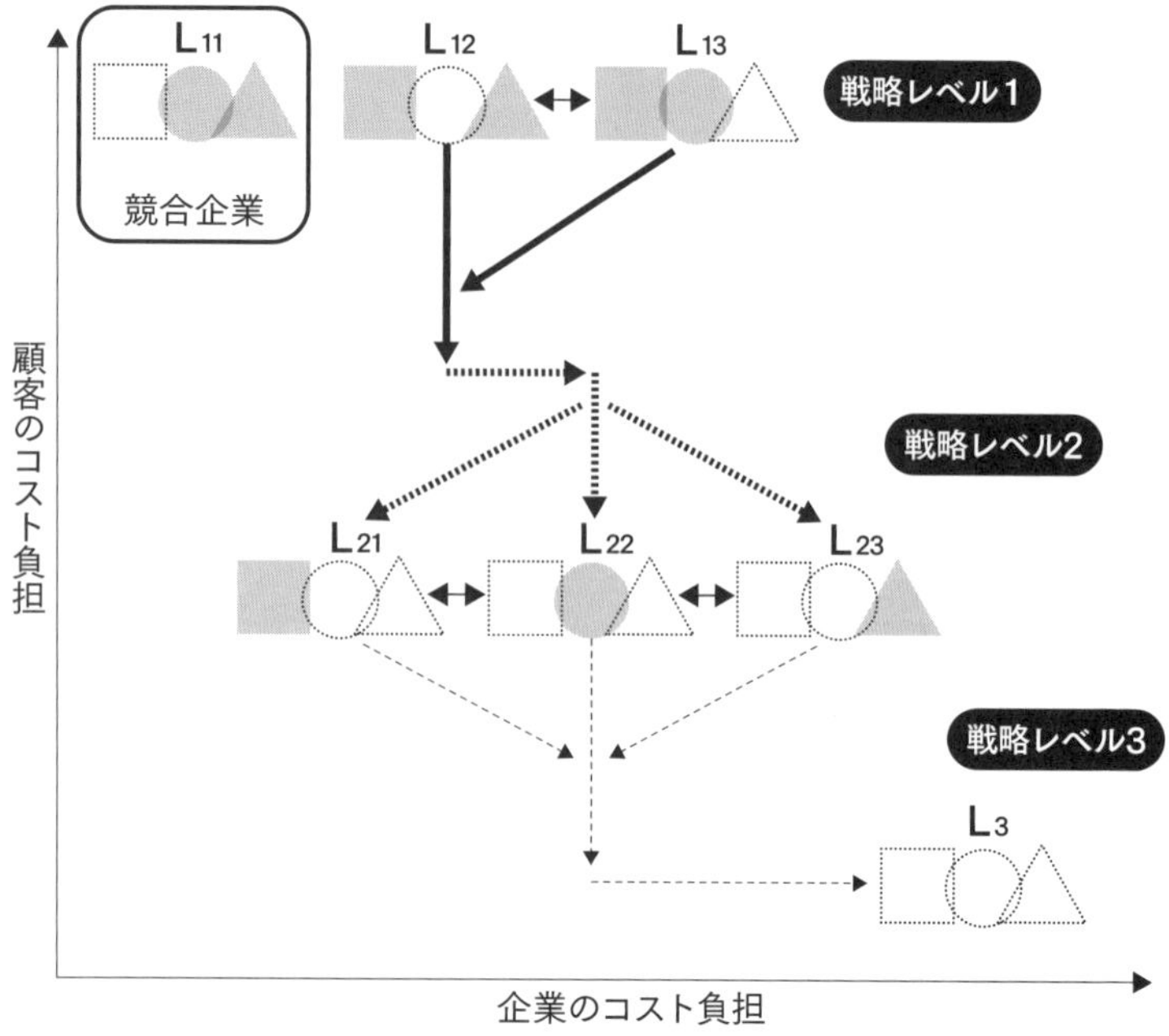

は、新規参入はもちろん、逆転の可能性も高い。なぜなら、L_{12}やL_{13}で対抗しても十分戦えるし、初めから戦略レベル2の戦略L_{21}、L_{22}、L_{23}、あるいは戦略L_3のアプローチを展開すれば、優位に立つ可能性が高いからだ。

競合企業が戦略レベル2の戦略のいずれかを展開している場合、こちらは戦略レベル2の他の戦略、あるいは、戦略レベル3の戦略で対抗できる。やり方次第では、競合企業を排除し、市場を支配できるかもしれない。

3 BSC化による戦略的マネジメント

3・1◉キャプランとノートンのバランスト・スコアカード

これまでの議論から、キュービック・グランド・ストラテジーの基本原理についてはおわかりいただけたのではないかと思う。最後に、キュービック・グランド・ストラテジーの現実への応用可能性を示唆するために、バランスト・スコアカードの考え方と結びつけてみたい。

バランスト・スコアカード[注3]（ＢＳＣ）とは、経営者が経営目標を実現することをサポートするために、ロバート・キャプランとデイビット・Ｐ・ノートンによって提示されたツールの一つである。キャプランとノートンは、戦略、目標、計画を達成するための行動の結果として事後的に算出される財務指標だけで業績を評価する従来のやり方に疑問を抱いていた。戦略の実行と目的の達成には、それ以外の指標も必要だと考えたのだ。

財務指標はあくまでも過去の結果を判断するものであり、未来に向けての先行指標ではない。未来に向けて有効的な戦略的行動を実行するには、先行指標となる業務指標（非財務的指標）も考慮に入れる必要があると考えたわけである。そのアイデアを具体化したのが、一九九二年に『ハーバード・ビジネス・レビュー』誌で発表された「バランスト・スコアカード」である。

ＢＳＣの基本的な考え方は、戦略を実行するために、財務指標と非財務的指標（業務指標）のバランスを図ることである。さらに、今日では、過去と未来、外部と内部を比較し、定量的・定性的指標のバランスなども考慮されるようになった。

キャプランとノートンは、次の四つの視点に基づき、企業の有形資産、無形資産、そして未来への投資などを総合的に評価することを提唱した。

❶財務の視点：従来の財務分析による業績評価
（例）自己資本比率、流動性比率、売上高成長率、資本利益率、経常利益、製品原価
❷顧客の視点：企業から見た顧客の視点、顧客から見た企業の視点
（例）来店客数、新規顧客数、新規顧客訪問数、リピート注文率、クレーム発生率
❸業務プロセスの視点：製品の品質や業務内容に関する視点
（例）一人当たりの契約販売数、特許件数、作業時間、新商品開発数、平均故障間隔
❹成長と学習の視点：企業の持つアイデア、ノウハウや従業員の意識・能力に関する視点
（例）従業員当たりの研修時間、売上高に対する研修費、ミーティング実地率

図表7-7◉**BSC化による戦略的マネジメント**

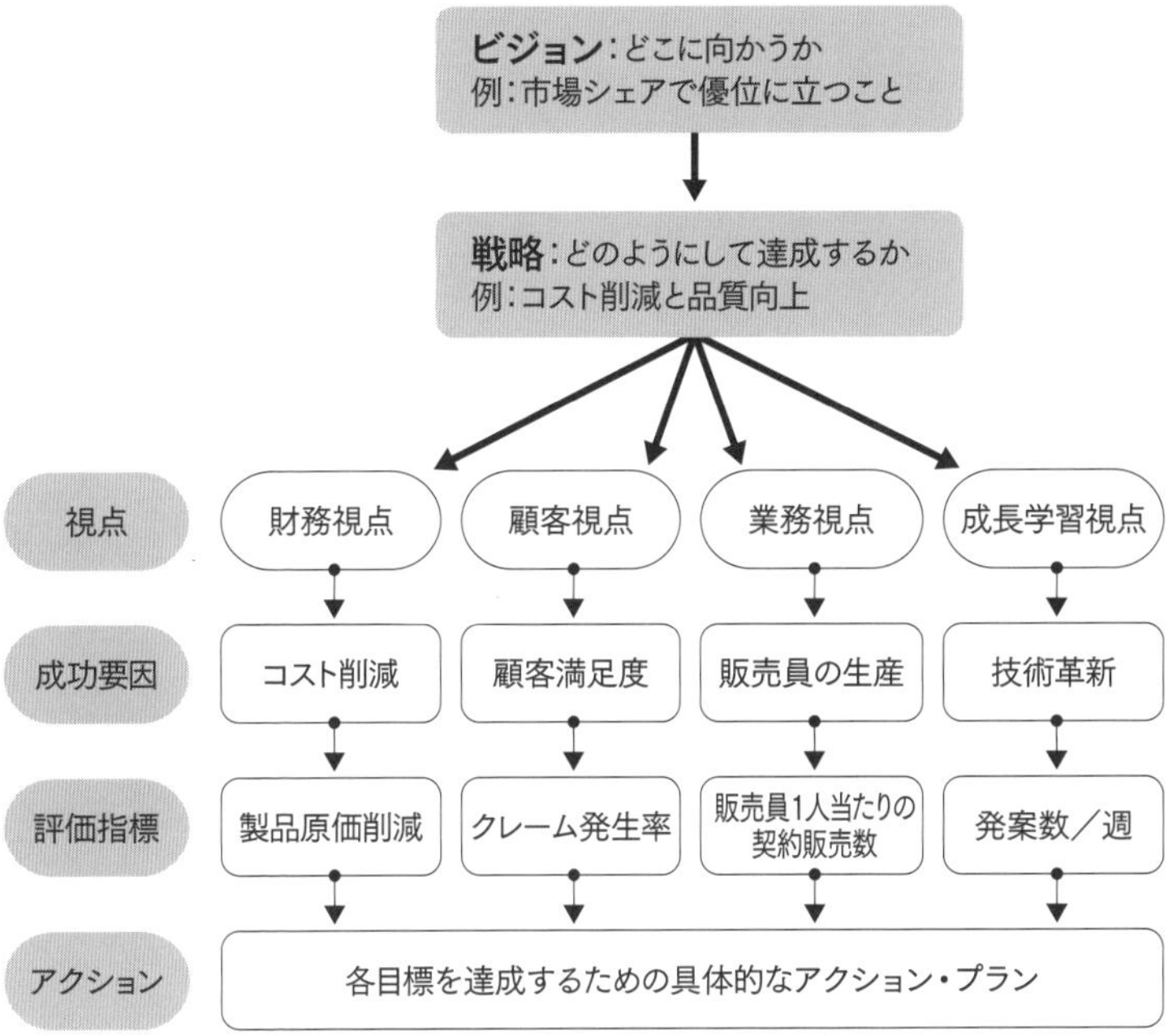

BSC化による戦略的マネジメントの具体的イメージは、**図表7-7**のようになる。

戦略目標の明確化：まず、企業の戦略目標を明確にする。たとえば、ある企業が「市場シェアを向上させ優位性を獲得する」という目標を掲げたとしよう。

戦略アプローチ：戦略目標を実現するためのロード・マップを作る。たとえば、戦略目標を費用削減と品質向上によって達成するものとしよう。

BSCの四つの視点戦略アプローチ：四つの視点とその成功要因を明確化する。各評価指標から現状を評価すると同時に、具体的な目標数値を決める。ＢＳＣでは、財務的指標のみならず非財務的指標も設定することが重要である。

アクション・プランの策定：目標数値を達成するための具体的なアクション・プランを策定する。

このようなバランスト・スコアカードの導入によって、企業の戦略目標とそのプロセス、具体的なアクション・プランが明確になる。それによって、従業員の組織力・成長力・競争力を強化し、企業を合理的にマネジメントする土壌ができ、戦略目標を達成することができる。

3-2◉キューービック・グランド・ストラテジーのＢＳＣ化

以上のように、ＢＳＣは財務指標と非財務的指標（業務指標）のバランス化とその数値化によって戦略目標を実現するためのアクション・プランを具体化するツールである。それ自体に革新的な戦略思想が内在しているわけではない。つまり、ＢＳＣは戦略思想の内容とは関係なく、戦略を具体的に実行するためのフレームワークにすぎない。

この特徴を利用すれば、ＢＳＣをキューービック・グランド・ストラテジーに補完的に応用することができる。キューービック・グランド・ストラテジーのＢＳＣ化である。これは、ある戦略目標を達成するために、物理的世界への直接アプローチ戦略、心理的世界への間接アプローチ戦略、そして知性的世界への間接アプローチ戦略のバランスを取りながら、これら三つの戦略アプローチを指標化するという試みである。まさにピカソがしたように、立体的な戦略世界を平面上に描き出そうという試みでもある。
そのプロセスは次のようになる。

戦略目標の明確化：まず、企業の戦略目標を明確にする。たとえば、ある業界への新規参入に当たり、競合企業を完全に殲滅《せんめつ》するのではなく、有利な形で均衡に持ち込むことを戦略目標に掲げたとしよう。
コスト・ベネフィット戦略：戦略目標を実現するためのロード・マップを作る。顧客、消費者、ユーザーが関わる世界を物理的世界、心理的世界、知性的世界の三つに区別し、それぞれの観点から立体的にバランスよく、顧客が自社製品を購入する場合に負担するコストを軽減する要因を分析する。
評価指標の策定：これら三つの世界における顧客のコストを軽減する評価指標を策定する。三つの世界それぞれにおいて、どのような評価指標を、どのように変化させれば顧客が負担するコストが低下するのかを明確にする。
評価指標のスコアカード化：評価指標に基づいて現状と戦略目標の状態を数値化する。
アクション・プランの策定：目標数値を達成するための具体的なアクション・プランを策定し、戦略目標と現状とのズレを把握し、目標数値の調整・変更などを検討する。

3-3◉BSC化のイメージ

このようなキュービック・グランド・ストラテジーのBSC化をより明確に理解してもらうために、メーカーA社の例を示してみよう。

A社は、ある業界への新規参入を検討している。その戦略目標は、自社のシェアを確保したうえで均衡に持ち込み、競合企業との共存共栄を永続させることにある。そのために、物理的世界、心理的世界、知性的世界それぞれに対する三つの戦略アプローチのバランスを取りながら、自社製品購入をめぐる顧客のコスト負担を軽減したいと考えている。

A社はこの戦略目標を達成するために、次のような三つの世界を対象とする戦略アプローチのBSC化を検討しているとしよう（**図表7-8参照**）。

物理的世界への直接アプローチ戦略のBSC化

物理的世界に対しては、第3章で説明したマイケル・E・ポーターの競争戦略に従い、コスト・リーダーシップ戦略を展開する。徹底的にコスト削減を図り、特に低価格化によって顧客の物理的世界でのコスト負担を軽減する。

このような直接アプローチ戦略を実行するためには、既存製品の原価C円の数値目標はC↓円まで切り

図表7-8◉キュービック・グランド・ストラテジーのBSC化

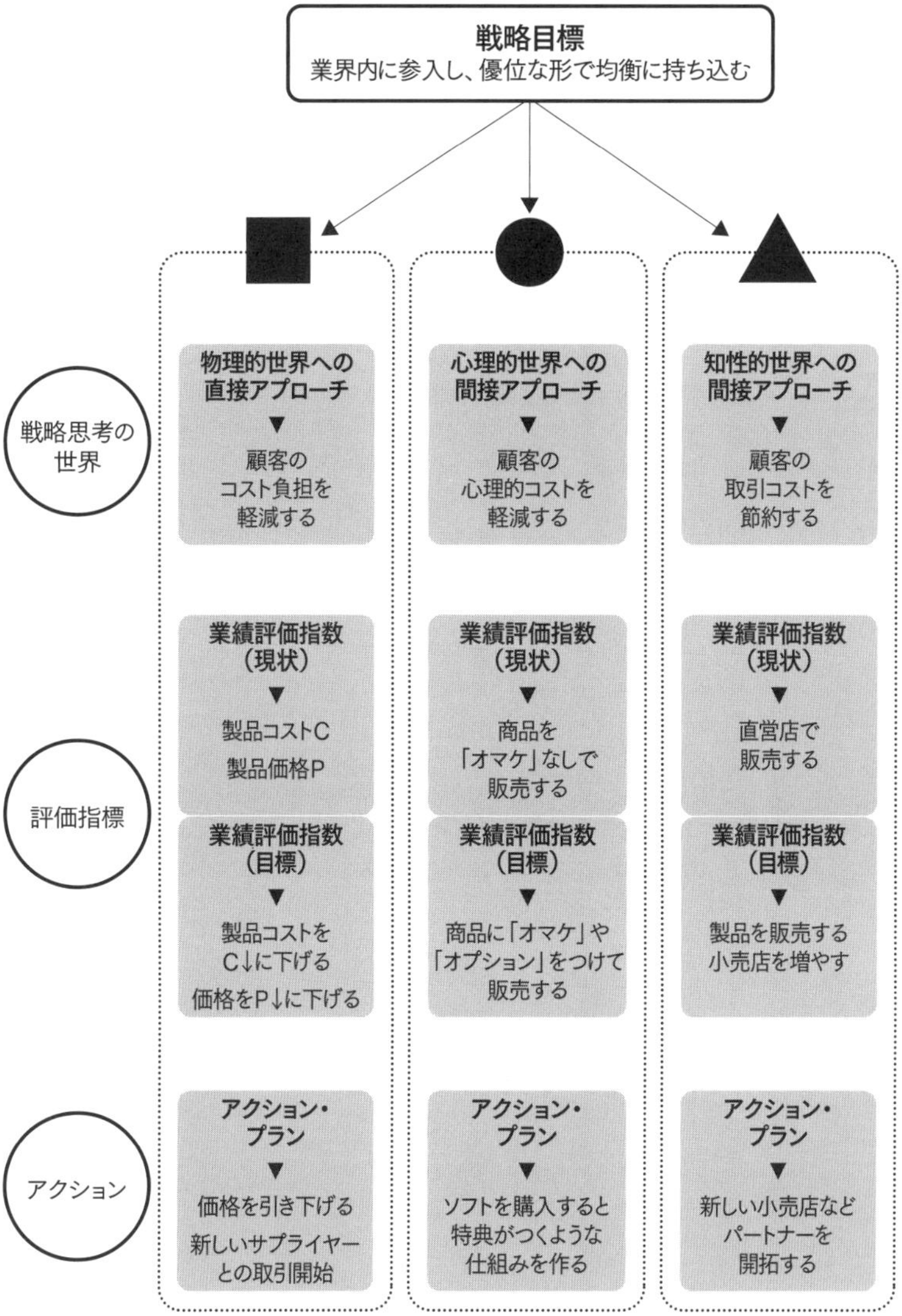
戦略目標
業界内に参入し、優位な形で均衡に持ち込む
戦略思考の世界
物理的世界への直接アプローチ
▼
顧客のコスト負担を軽減する
心理的世界への間接アプローチ
▼
顧客の心理的コストを軽減する
知性的世界への間接アプローチ
▼
顧客の取引コストを節約する
評価指標
業績評価指数（現状）
▼
製品コストC
製品価格P
業績評価指数（現状）
▼
商品を「オマケ」なしで販売する
業績評価指数（現状）
▼
直営店で販売する
業績評価指数（目標）
▼
製品コストをC↓に下げる
価格をP↓に下げる
業績評価指数（目標）
▼
商品に「オマケ」や「オプション」をつけて販売する
業績評価指数（目標）
▼
製品を販売する小売店を増やす
アクション
アクション・プラン
▼
価格を引き下げる
新しいサプライヤーとの取引開始
アクション・プラン
▼
ソフトを購入すると特典がつくような仕組みを作る
アクション・プラン
▼
新しい小売店などパートナーを開拓する

詰めなければならない。すると、既存製品の価格P円は目標価格P↓円まで下げることができるので、顧客のコスト負担は軽減される。

この戦略の具体的なアクション・プランは、既存のサプライヤーとの部品価格をめぐる再交渉によって部品の原価を下げたり、より安い部品を提供してくれる新たなサプライヤーとの取引を開始したりすることである。

心理的世界への間接アプローチ戦略のBSC化

心理的世界については、顧客に心理的メリットを与えることによって、相対的に顧客が負担する心理的コストを軽減する戦略を展開する。

たとえば、現在、既存製品に付加的なサービスもオプションも提供していないならば、一商品の購入について何らかの特典やオプションを用意することで、第4章で説明したように、顧客に分離勘定に基づく心理会計処理をさせ、心理的価値を高めることができる。これによって、相対的に顧客の心理的コストは下がることになる。

その具体的アクション・プランは、景品特典をつけるほか、便利な付属品のセット割引などが考えられる。

知性的世界への間接アプローチ戦略のBSC化

知性的世界へのアプローチは、第5章で説明したように自社製品の購入をめぐって顧客が負担する取引コストを減少させることである。たとえば、現在、自社の既存製品が少数の直営店のみで販売されているなら、販売数も販売機会も限られ、自社製品を購入したいと思っている顧客の取引コストは非常に高い状態にある。

この顧客の取引コストを節約するためには、販売店の数を増やさなければならない。そして、そのアクション・プランとして、新たな販売先や大手流通グループを通じた系列化取引を開拓することなどが考えられる。

このように、BSC化によってキュービック・グランド・ストラテジーの実効性は高くなる。その実行に当たって重要となるのは、競合企業が市場を占有しているか否かを見極めることである。そのうえで、バランスト・スコアカード化されたCGSを同時進行型、時間差重層型、あるいは時間差単層型のどのパターンで実行するかを決定する必要がある。

以上、本書で説明した多元的実在論に基づく多元的アプローチ戦略、すなわち「戦略のキュビズム」と呼びうる新しい戦略思想を理解し、企業がそれを実行すれば、現代のような多元的世界でも生き残れる可能性は高まるだろう。

【注】

1. ポパーの多元的世界観については、Karl R. Popper, *Objective Knowledge: An Evolutionary Approach,* Clarendon Press, 1972.（邦訳『客観的知識——進化論的アプローチ』木鐸社、一九八〇年）に詳しい。また、本書第2章で詳しく説明しているので参照されたい。
2. 不条理な現象の分析については、拙著『組織の不条理』（ダイヤモンド社、二〇〇〇年）、『組織の経済学入門——新制度派経済学アプローチ』（有斐閣、二〇〇六年）ならびに『命令違反が組織を伸ばす』（光文社新書、二〇〇七年）を参照されたい。
3. Robert S. Kaplan and David P. Norton, "The Balanced Scorecard——Measures that Drive Performance," *Harvard Business Review,* January-February, 1992.（「新しい経営指標〝バランスド・スコアカード〟」『ダイヤモンド・ハーバード・ビジネス』一九九二年四－五月号）、Robert S. Kaplan and David P. Norton, *The Balanced Scorecard: Translating Strategy into Action,* Harvard Business School Press, 1996.（邦訳『バランス・スコアカード』生産性出版、一九九七年）、Robert S. Kaplan and David P. Norton, *The Strategy-Focused Organization: How Balanced Scorecard Companies Thrive in the New Business Environment,* Harvard Business School Press, 2000.（邦訳『戦略バランスト・スコアカード』東洋経済新報社、二〇〇一年）を参照。

おわりに

本を書く人は、おそらくだれでもベストセラーを夢見るものです。とにかく、たくさんの人に読んでもらえる本、そして自分の代名詞となるような本を書いてみたいと思うものです。私も、そういった野心を持って、当初、この書を書きたいと思っていました。

しかし、最近のベストセラーを読ませていただくと、どうしても迷いが出てくるのです。果たして、それが自分の目指すべき道なのか。目指すべき方向性が曇って見えなくなるのです。

結局、私の目指す道は違うようだと認識しました。そのことをいろんな場面で気づかせてくれたのが、DIAMONDハーバード・ビジネス・レビュー編集部の方々です。そして、そのような決意を、本書のシンプルなタイトル『戦略学』に込めました。私は、このタイトルを非常に気に入っています。

さて、本書は、タイトルどおり、既存の経営戦略論、すなわちマイケル・E・ポーターの競争戦略論から、資源ベース理論、ブルー・オーシャン戦略、バランスト・スコアカードまで、ほとんどすべての学説が理解できるように意図的に構成されています。

しかし、この本は単なる経営戦略の教科書ではありません。目次をさっと見るとわかっていただけるように、広く軍事、哲学、経営学、経済学を基礎としており、これまでの私の研究がすべて網羅されています。ですから、経営戦略論という狭い範囲の知識で満足している人たちに対して、知的刺激を与えることができるかもしれません。

また、本書は単なる学説のレビューをしているわけでもありません。本書で、私の独自の新しい戦略思想も展開している点に、ぜひ注目していただきたいと思います。多元的世界観に基づく「戦略のキュビズム」です。

以上のような思いで書いた本書は、おそらく爆発的に売れることはないかもしれません。しかし、本屋さんにいつも一冊は残っているような息の長い本であってほしいと願っています。

最後に、改めてこのような機会を与えてくださったＤＩＡＭＯＮＤハーバード・ビジネス・レビュー編集部の榎本佐智子さんと木山政行さんに心から感謝したいと思います。また、本書の意図を瞬時に理解してくださった岩崎卓也編集長にも感謝しております。

この本が、二一世紀の初頭に私が生きていたことの証しになるように。

二〇〇八年七月　三田山上にて

菊澤　研宗

▼ま行

▼や行

▼ら行

▼わ行

▼さ行

▼た行

◉索引

［著者］
菊澤研宗（Kenshu Kikuzawa）
慶應義塾大学商学部教授
慶應義塾大学商学部卒業。同大学院商学研究科博士課程修了。慶應義塾大学博士（商学）、ニューヨーク大学スターン・スクール・オブ・ビジネス客員研究員、防衛大学校総合安全保障研究科教授、中央大学専門職大学院国際会計研究科教授を経て、2006年より現職。主な著書に『命令違反が組織を伸ばす』（光文社、2007年）、『組織の経済学入門』（有斐閣、2006年）、『比較コーポレート・ガバナンス論』（有斐閣、2004年）、『組織の不条理』（ダイヤモンド社、2000年）、『日米独組織の経済分析』（文眞堂、1998年）などがある。

戦略学——立体的戦略の原理

2008年7月31日　第1刷発行
2009年3月24日　第2刷発行

著　者——菊澤研宗
発行所——ダイヤモンド社
〒150-8409　東京都渋谷区神宮前6-12-17
http://www.diamond.co.jp/
電話／03·5778·7228（編集）　03·5778·7240（販売）
装丁————デザインワークショップ・ジン
製作進行——ダイヤモンド・グラフィック社
印刷————加藤文明社
製本————ブックアート
編集担当——榎本佐智子

ISBN 978-4-478-00607-8